AF417632

El secreto de Ser...

El secreto de Ser...

Conócete-Respétate-Ámate

Sé TÚ mismo

Tomo 1

Ana Cabello Nieto

©2021, Ana Cabello Nieto
Edición: Ana Cabello Nieto
Diseño de portada: Ana Cabello Nieto
Maquetación: Contracorriente Estudio Gráfico
Primera edición: Diciembre 2021
ISBN: 978-84-09-35126-8
Depósito legal: V-3343-2021
Nota a los lectores: Este libro contiene ideas y opiniones de la autora. Las estrategias presentadas pueden no ser apropiadas para todos los lectores y no se garantiza que produzca ningún resultado en particular. El lector deberá consultar con un profesional capacitado antes de seguir cualquier tipo de sugerencia.

Dedicado a mi padre y hermano
Genaro y Alex

Y a ti, mamá donde estés dándome esa fuerza imparable
Decirte Adios Nunca es fácil pero en tu caso es IMPOSIBLE

Os amo...

Contenido

AGRADECIMIENTOS

Gracias en primer lugar a ti querido lector, porque sin ti esto no sería posible. Mi intención es que no pases por donde pasé y que comprendas cosas que quizás alguna vez te hayas cuestionado. Por creer en mí como yo creo en ti.

Gracias a mi padre y mi hermano sin vosotros todo esto hubiera sido más difícil. Siempre a mi lado sin juicios dejándome que sea quien tome mis propias decisiones y estando a mi lado cuando me habéis visto sin ganas, sin fuerzas. Solamente una palabra me hace resurgir como el ave fénix.

Gracias, mamá, aunque te marchaste muy joven, me diste unos valores impresionantes que ahora reconozco. Gracias por tu amor incondicional, por ser mi madre. Te elegiría una y otra vez más. Te amo.

Gracias a cada una de las personas que durante este camino escribiendo estos libros han estado animándome y dándome su *feedback*. Por todo los que habéis pasado por mi vida hasta el día de hoy, porque he aprendido algo de cada una de vosotras.

Y no me puedo olvidar de una persona que me abrió las puertas a las bendiciones y me ayudo que esto que era un sueño se convirtiera en realidad, a ti amado mentor Laín García Calvo.

OS AMO

HASTA EL INFINITO Y MÁS ALLÁ

El secreto de Ser…

PRÓLOGO LAIN

Tu vida no podrá avanzar hasta que no comprendas, aceptes y trabajes en este gran secreto:

**"Tú eres el Alpha y el Omega de tu vida,
en ti empieza y termina todo."**

Cuando tú estás bien, todo va bien, y si no va bien, no te afecta. Pero si tú estás mal, todo va mal, y aún cuando algo vaya bien, te las arreglarás para sabotearlo y hacer que vaya bien. Entonces, más allá de lo que desees para tu vida, el gran secreto para lograrlo es TRABAJAR MÁS FUERTE EN TI QUE EN TU OBJETIVO, porque todo en la vida es una extensión de ti mismo.

Entiende que nadie llega a estas páginas por casualidad, sino por CAUSAlidad, por sincronicidad, por principio de causa y efecto.

Si algo te trajo aquí es por un propósito, significa que hay algo importante para ti en este libro que te ayudará a transformar tu vida y la del planeta.

Gracias Ana por escribirlo y a ti, amado lector, por leerlo. Estoy seguro que te sorprenderá y te ayudará a tomar conciencia para llevar toda tu vida a un nivel más alto.

Te quiero mucho.

Lain, autor de la Saga LA VOZ DE TU ALMA.

El secreto de Ser…

SOBRE MI

Soy una persona tan normal como tú, mi vida es como la de otra persona cualquiera, he tenido momentos tristes y momentos alegres. He trabajado en sitios que no me gustaban, he vivido desengaños, sufrimiento, tristeza y también por supuesto emociones de felicidad, alegría, paz, averiguar lo que es sentirte enamorada de una persona y lo más importante de una misma. Para amar a los demás he aprendido a amarme a mi primero, para que me respeten he tenido primero que respetarme a mí misma y para conocer a los demás primero me he tenido que conocer.

Por supuesto que todo esto no lo he aprendido de un día para otro, esto ha sido mediante preguntas que a lo largo de mi vida me iba haciendo, una de las que más frecuencia me hacía en mi adolescencia era por qué estaba aquí en esta vida, había personas como los médicos que eran para salvar vidas, la policía para salvaguarda y dar protección al ciudadano... y yo para qué.

Evidentemente no tenía respuesta, la pregunta la planteaba mal, no era porque, era para qué. Cuando lo descubrí fue encontrar un diamante bruto dentro de mí, fue algo mágico, fue la pieza que estaba buscando. Unas de la pieza que estaba buscando y comenzó a cuadrarme todo. Te digo piezas porque para mí cada reto que consigo, cada cosa que supero es una pieza para completar el puzzle de mi vida.

De niña vivía siempre averiguando el porqué de las cosas, qué sentido tenía lo que me pasaba. En algunas cosas sí encontraba las respuestas y en otras pues las fui descubriendo a lo largo de mi vida. Y las que me quedan por descubrir.

He sido una niña que me he considerado diferente a los demás, con la sensación de que no encajaba en la sociedad, en el colegio, con mi familia, como si estuviera viviendo otra vida que no fuera la mía.

He tenido unos padres que me han enseñado los valores de la vida, me han enseñado lo que es el amor entre padres e hijos. No vengo de una familia desestructurada, vengo de unos padres que han pasado heridas y cosas en la vida como otros. Mi vida si echo la vista atrás ha sido especialmente maravillosa.

Aunque eso no me lleva a haber vivido momentos de dolor, cómo han sufrido mis padres y mis seres queridos. Siempre he sido una persona empática y muy sensible. Pero momentos que nos pasan por cosas que no comprendes crean heridas emocionales, esas cosas que se quedan marcadas y te dices qué injusta es la vida, te hace reflexionar y la única manera que tienes de sobrevivir es poniéndote capas y tapando esas heridas, siendo la persona que no eres, te pones una máscara que es un escudo protector para que no te hagan daño.

Y así vamos creciendo, sin darnos cuenta de que tú mismo estas usurpando tu identidad, estas siendo otra persona, solo quieres ser como las otras personas que ves a tu alrededor: quieres tener la misma inteligencia de la más lista de la clase, quieres ser más alta del equipo de baloncesto como tu compañera, quieres ser la más popular del colegio como es esa niña, no quieres ser el patito feo, quieres, quieres, quieres…

Quieres todo lo de fuera, todo lo externo menos a ti misma. ¿Verdad que te ha pasado esto en alguna ocasión? La solución está en ser otra persona y vas adquiriendo gestos, manera de caminar, cómo hablar; en definitiva, vas imitando y poco a poco en vez de acercarte a ti misma, lo que haces es alejarte más y más.

Así fue durante 29 años de mi vida, tenía todo el amor que podía tener, mis padres lo hicieron lo mejor que supieron con las herramientas que tenían en ese momento, jamás me falto nada, ni material ni en el amor, he sido una persona muy amada y deseada.

Pero a pesar de eso a lo largo de mi vida he vivido momentos que me han hecho sentir emociones llamémosla negativas, para llegar a ser la persona que soy hoy en día. Y te preguntarás si tu vida ha sido tan maravillosa, cómo puede ser que me estés contando que has tenido cosas negativas y que has vivido emociones que hasta el día de hoy siguen estando y sigues superando todos los días.

Pues esto es la maravilla de la vida, porque sin esas emociones negativas que he sentido en alguna área, simplemente seria Dios. No sería Ana Cabello Nieto.

He sentido el abandono, he sentido el desprecio, he sentido que pasaban de mí, rabia, ira, miedo, debilidad, de creer en Dios a no creer en él.

De no saber lo que quería, de tener guardado un secreto que me condicionaba por el miedo al rechazo, al qué dirán, a que me dejarán de querer por ser de una manera diferente. Por amar a una persona de mí mismo sexo, aunque en esa época no tenía la información y por eso quería ser un chico. Pero quería ser un chico no porque pensara que me gustaban las mujeres, quería ser un chico para poder jugar al futbol, para poder hacer cosas que los chicos hacían, por no tener que llevar falda. Os podéis hacer una idea de cómo adquieres creencias limitantes y vives una vida que no es la tuya. Y como desde bien pequeños ya nuestra vida está condicionada al qué dirán, que pensarán.

Siempre me ha gustado ayudar a los demás. Cuando alguien le pasaba algo, necesitaba alguna cosa, siempre me he ofrecido a hacerlo. Un gran error y te preguntarás por qué, pues te lo explico por la intención por la que lo hacía, para sentirme bien, importante, que la otra persona dijera palabras de agradecimiento, que me dijera que si no hubiera sido por mí no lo hubiera podido hacer. Buscaba el RECONOCIMIENTO, que dependieran de mí, buscaba de alguna manera su afecto inconscientemente, así llenaba una parte de necesidades básicas.

Así me sentía importante, así sentía que me querían, cosa que lo único que hacia es mendigar amor, atención. Ponía la atención fuera de mí, para no ocuparme de mí, para no ver ese vacío tan grande que tenía. Es más fácil mirar fuera de uno que verse uno mismo.

Ahora lo veo desde otros prismas, desde otras gafas, sigo ayudando a los demás, desde la conciencia, desde el saber que cada persona que ayudo soy yo en el otro, desde el respeto que me tengo, desde la paz que me da hacerlo. No espero nada de nadie, porque no me siento en la obligación de hacerlo para conseguir nada, porque lo hago desde el amor incondicional.

Y no te voy a engañar. Muchas veces vuelvo a las andadas y si hago algo por otra persona y no veo que cuando necesito algo les pido ayuda y no me la dan, me enfade, me irrite, y le diga recuerdas que un día hice esto por ti, que cuando te hacía falta estaba a tu lado. Eso cuando soy consciente me hace sentir vacía, me hace sentir que así no. Entonces vuelvo a recuperar mi centro, me observo y me digo por ahí va a ser que no. Es un trabajo el cual no puedes bajar la guardia es constante porque tenemos tantas horas grabadas en el subconsciente que las hacemos de modo automático, por eso la importancia de estar en modo presente.

El modo presente es una forma de estar aquí y ahora. Cuando mi madre murió estuve durante muchos años pensando en ella, cómo sería mi vida si siguiera aquí, qué haría con ella, las cosas que me había perdido cuando estaba viva. El pasado es pasado no la puedo recuperar por mucho que viva en ese momento, nunca podré hacer ya con ella todo lo que no hice, eso solo me hacía vivir en frustración de resentimiento contra la vida de desesperanza, sensación tristeza, pena, mal estar. En el futuro tampoco sabes lo que va a pasar y crea una incertidumbre y piensas cosas que quizás nunca pasen. Esto nos lleva a las preocupaciones.

Comencé a buscar herramientas que me hicieran vivir en paz, dejar de ser tan negativa, vivir una vida más dinámica. Fue cuando toque fondo, cuando tuve como yo la llamo mi gran revelación. Nunca he tenido una enfermedad grave, aunque para algunos que piensen que la depresión es una tontería que es falta de problemas y es crearte algo para que estén pendientes de ti, siento decirles que para mí no es así, para mí una depresión es la enfermedad del alma, es la que te pone en el límite de tu vida, la que hace que tomes la decisión de salir o morir.

Cogí una depresión hace ocho años. Me quise tirar desde un sexto piso, se me pasó muchas veces, pero siempre había algo que me hacía echarme hacia atrás, había algo en lo que me aferraba. Pensaba en mi padre y mi hermano, habíamos pasado por la muerte de mi madre y sé lo que eso nos hizo atravesar y sufrir. No podía ser tan egoísta de hacerles pasar otra vez por lo mismo, pero esta vez una muerte provocada, ellos no entenderían por qué lo hice y no se lo merecían. Por lo que después de mucho pensar y meditar llego el día que pedí ayuda a mi padre no podía seguir así.

Puse mucha voluntad para seguir adelante, traté con profesionales a los cuales estoy agradecida. Hoy soy una persona nueva, renovada, esto me hizo comenzar a leer muchos libros de crecimiento personal y espiritual, comencé a prestarme más atención y a trabajar en mí. No te voy a decir que ha sido fácil entender muchas cosas, unas de las cosas que menos entendía era un ejercicio que es el de la gratitud, mi cabeza no podía llegar a entender como siendo agradecida, como escribiendo en un papel todos los días al despertarme agradeciendo podría ayudarme y darme tantos beneficios.

La gratitud ha sido muy estudiada. Ha habido múltiples investigaciones y tiene un impacto en el cuerpo como regulación de la tensión arterial en personas hipertensas, mejora de la glucosa en las personas diabéticas, mejorar el estrés, bienestar emocional. Nuestro cerebro libera dopamina y oxitocina. Simplemente con agradecer cinco cosas diariamente o agradecer a cinco personas.

Así fue en mi caso, hasta el día de hoy agradezco por todo. Conforme iba pasando el tiempo, comencé a conectarme conmigo misma, atender lo que me pasaba en mi interior. La solución estaba dentro de mí: el por qué y para qué.

Enfocarme en lo positivo de las cosas que me pasaban en vez de lo negativo. Encontré lo positivo de la ida de mi madre que fue darme cuenta de que amaba a las personas de mí mismo sexo. Todo me ha llevado a ser la persona que soy. Ahora puedo ayudar desde mi conocimiento, desde mi experiencia a personas como tú. A pesar de ese dolor que tenía por la pérdida de mi madre, cada día buscaba disfrutar a pesar de que una parte de mí no quería seguir viviendo.

Todo esto me dio una fuerza y empecé a pensar que todo pasa por algo y que mi misión de vida, mi propósito es ayudar y servir sin esperar nada a cambio. Deseo que vivamos en un mundo de igualdad, voy a poner mi granito de arena y que con solo ayude a una sola persona a sacarle una sonrisa, a que diga aquí estoy yo, que acepte que ama a alguien de su mismo sexo, que exprese a su familia lo que es. Aunque esto no tendría que ser así, por que cada cual que ame a quien desee.

Con que solo dejes de etiquetarte que eres gay, lesbiana, trans, bisexual, heterosexual, cuando dejes de decir he salido del armario, porque déjame decirte que el armario está para guardar ropa. Tú no tienes que salir de ningún sitio, solo tienes que aceptarte, conocerte, amarte y respetarte.

Solo que haya una persona que pueda ayudar, para mi este libro ya habrá tenido sentido Si crees en ti aparecerán cosas que ni si quieras imagines por lo tanto quiero que sepas que creo en ti.

**Lucha por lo que amas,
siempre se puede un poco más.**

PRIMERA PARTE: CONOCERTE

I
TÚ ERES LA PERSONA
MÁS IMPORTANTE

*"Tu mirada se aclarará solo cuando puedas ver dentro de tu corazón.
Aquel que mira hacia afuera, sueña; aquel
que mira hacia adentro, despierta".*

Carl Jung

¿TE CONOCES REALMENTE?

La importancia de conocerse uno mismo. El ser humano es un conjunto formado por el cuerpo físico, mente, emociones y el alma. Todas ellas hacen un equilibrio. Muchas personas trabajan el cuerpo físico y la mente y nos olvidamos de la parte importante que son las emociones y el alma. Por lo que es muy importante trabajar y equilibrar este conjunto cuerpo, mente y alma. Cuando uno decide conocerse así mismo tenemos que saber cómo actuamos y cómo somos.

Observarnos a nosotros mismos como si de otra persona se tratara, modo observador en tercera persona, ser conscientes en todo momento de cómo actuamos. Hablaremos más adelante del **espejo**, el reflejo que nos hace las circunstancias, las formas y las maneras de otras personas hacia nosotros mismos

Comenzaré por hablarte de algunos factores externos que son una de las señales de que no te conoces. Cómo buscar respuestas, razones, motivos fuera en el exterior, en los demás. Buscar la aprobación de cada cosa que quieras hacer.

¿Cuánto tiempo pasas contigo mismo? Piénsalo durante unos instantes y sé fiel a ti mismo.

La palabra soledad se asocia con sentimientos de tristeza, dolor, aislamiento, aburrimiento... para otros la soledad se relaciona con tranquilidad y conexión con uno mismo, reflexión, meditación, por lo tanto, lo que a uno les agrada a otros le desagrada. El ser humano necesita la cooperación con personas para aprender a entretenernos, sobrevivir, educarnos, etc...

Durante muchos años de mi vida, siempre he querido quedar con gente para no estar sola. Me he preocupado de los demás, de sus problemas, y todo para no mirarme a mí misma porque tenía miedo a escuchar lo que mi alma, cuerpo, mente me quería decir. He estado viviendo la vida de los demás, solucionando los problemas a otros hasta tal punto que no sabía quién era porque no escuchaba mi interior. A los 29 años comencé a escucharme y hacer caso a mis sentimientos y emociones.

Conexión de **alma**, **cuerpo** y **mente.** Que importante es escucharte. **¿Sabes quién es la persona con la que más tiempos pasas?** Contigo misma.

Reaccioné y comprendí la importancia de escucharse a sí mismo después de un duro golpe que fue la muerte de mi madre de un día para otro sin estar enferma. Comencé a trabajar mi interior. Soy de las que piensa que todo pasa por algo, que hasta el más mínimo detalle está interconectado.

Un año después del fallecimiento de mi madre acepté que me gustaban las mujeres. Era un bloqueo tan fuerte el que tenía por el sistema de creencias y no saberme escuchar ni conocerme.

La vida me daba señales desde bien pequeñita, pero no le hacía caso por ese bloqueo y sistema de creencias. Mi relación con los chicos no era buena. En el tema sexo, jamás pude mantener relaciones sexuales con chicos y eso me llevaba a cuestionármelo todo menos una cosa: que me gustaban las mujeres.

Lo que quiero deciros es que todo esto es provocado por no escucharse, por el sistema de creencias que adquieres por la sociedad, familia, amigos. La sociedad me vendió que tenía que casarme con un hombre, tener hijos, ser feliz y lo compré todo. Si me hubieran enseñado a escucharme y darme valores os puedo asegurar que no hubiera pasado por este sufrimiento tantos años.

¿Cuántas veces nos escuchamos? Poquitas veces, nos mantenemos ocupados con cosas de fuera para no ocuparnos de nosotros, no nos paramos a pensar qué es lo que nosotros queremos.

Consecuencias de no saber escucharse y no saber estar solos nos llevan a tener relaciones poco saludables. Si mi prioridad es evitar la soledad, lo más probable es que prefiera cualquier compañía. Esto me hace vulnerable a iniciar relaciones de amistad o pareja con personas que no me tratan bien, que me hacen sufrir, ya que pensaré que es mucho peor estar solo. Mantener estas relaciones poco saludables puede perjudicar mi autoestima. Angustiarnos cuando estamos solos: en ocasiones no quedara más remedio (que quedarte en casa, cuando a última hora te cancelan los planes, cuando te pones enfermo…).

Es probable que te sientas raro, te resulte incomodo, angustioso. Esto nos puede llevar a un estado de estrés, ansiedad donde afecta en algunas ocasiones al sueño y a la alimentación.

Además el no saber qué hacer para entretenerme, no tener los recursos necesarios me llevara a un estado de tener más manía a la soledad. Ahora si aprendes a estar solo y encontrar la paz contigo mismo tendrás muchos más beneficios y disfrutaras de ti.

Ten claro por qué quieres hacerlo, la sinceridad es súper importante. No te mientas, es la hora de superar esos miedos y si alguien lo ha conseguido tú también puedes. ¿Por qué quieres aprender a estar solo?, ¿por la angustia que te da el no poder tener planes?, ¿por miedo a la soledad?, ¿para no depender de nadie?, cada cual tiene sus motivos y solo siendo honesto contigo sin depender de lo exterior tendrás la inspiración suficiente.

Algunas investigaciones han demostrado que las personas a menudo se sienten inhibidas de disfrutar actividades a solas, especialmente cuando piensan que otros los están observando.

Sobreestimar qué tanta atención nos prestan otras personas y preocuparnos por ser juzgados puede impedirnos hacer cosas que de otra manera nos harían sentir alegres.

Nguyen dijo: **hay estudios que indican que cuando estamos a solas, lo que es incómodo es la falta de estímulos, no poder depender de otras personas para dar cierta forma a tu experiencia.**

Estar solo no significa que ahora no debas hacer planes con más gente y volverte asocial. El objetivo es que estés bien contigo mismo cuando estés solo y cuando estés acompañado, así podrás ampliar las posibilidades y elegir cuando te beneficia estar solo y cuando acompañado.

<u>CÓMO HACERLO</u>

Vamos a por ello y para eso tienes que tomar acción, busca actividades que te gusten. Haz una lista con las cosas que te gustan como leer, ver películas, manualidades, cuidar de tu cuerpo. Es posible que nada te llame la atención porque no te gusta estar solo.

Hazlo encuéntrate a ti mismo y disfruta de vivir aquí y ahora con tu compañía.

La meditación es una práctica que nos hace vivir el aquí y el ahora. Nos mantiene en el presente, nos enseña a estar solos y poder controlar nuestros pensamientos.

Haz ejercicio, vete andar, con solo 30 minutos al día es suficiente y tienen unos beneficios muy buenos. Observa lo que tienes a tu alrededor, las personas que van solas andando, los árboles, los parques...

Aprovecha la oportunidad para decir: **"Este es el tiempo en el que me puedo dar algo a mí mismo",** y solo aceptar que, en este momento, tú eres tu prioridad. No nos damos ni cuenta de las cosas tan hermosas que nos rodean, por estar siempre rodeados de gente.

Estar solo no es sentirse solo, **¿cuántas veces has estado acompañado, rodeado de personas y has tenido la sensación de estar solo y vacío?**

Yo muchas y creo que tú en alguna ocasión, estoy segura de que también. Podría seguir escribiendo una lista de beneficios, sé de qué hablo porque he pasado por ello de no entrar en casa por necesitar estar rodeada de gente y me daba igual con quien fuese.

Tienes que encontrarte a ti mismo, pasar rato con la soledad, pasártelo súper bien haciendo cosas, buscar lo que te gusta, descubrir tus virtudes y defectos.

¿Has ido alguna vez sola al cine? ¿Paseas sola por la calle, la playa, te has ido alguna vez solo de viaje…? Las ventajas de saber estar sola te llevan a tener creatividad, conocerte, respetarte y amarte.

Saber poner valor, escucharte, indagar lo que te apasiona, buscar tu paz interior, encontrar cualidades que están ocultas. Hay que romper los moldes y salir al menos una vez al día de tu zona de confort. Haz todos los días algo nuevo.

No hace mucho descubrí que me encantaba hacer relatos, reflexiones. Cree un canal de YOUTUBE. Jamás pensé que eso era algo me apasionara. Os dejo el QR de mi canal por si os apetece verlo y suscribiros.

RELATOS VIAJE A LA VIDA

Son tantas cosas que quiero compartir con el mundo, que por eso me decidí escribir esta trilogía. Era la única forma de dar visibilidad, poder ayudar y servir al mundo entero. Y te cuento un pequeño secreto, esto no lo escribo por ti, lo escribo por mí. Es una manera que tengo de crecer y evolucionar, es una forma de expandirme, liberarme, sentirme, compartir mi experiencia de vida y poder ayudar a millones de personas mostrándoles cuáles son las herramientas y lo que he hecho para superar mis retos. Porque sé cuál es mi propósito en esta vida, a que he venido, que es a conocerme, reprogramarme, desaprender para volver aprender. Si estás leyendo este libro no es por casualidad, el libro te ha buscado a ti es porque estas en el momento adecuado y listo para recibir esta información.

Te propongo un reto contesta a estas preguntas, coge un boli, es el momento de conocerte mejor. Escribe todo lo que se te ocurra.

1. ¿Haces lo que realmente quieres o te conformas con lo que haces?

La inspiración es lo que te sale de dentro de ti, sin tener factores externos, eso es la motivación.

....
....
....
....

2. ¿Dime tres virtudes de ti?

....

....

....

....

....

3. En qué destacas, qué aportas a los demás.

....

....

....

....

....

4. Dime tres defectos de ti

....

....

....

....

....

5. ¿Qué le gusta a los demás de ti? Y, ¿qué es lo que menos le gusta?

....

....

....

....

....

6. ¿Tienes miedo a no tener el control o a la incertidumbre?

....

....

....

....

....

7. ¿Qué es lo que te diferencia de los demás?

....

....

....

....

....

8. ¿Qué te hace sentir orgulloso de ti mismo?

....

....

....

....

....

9. ¿Si fueses un animal, cuál serías? ¿Por qué? Esta pregunta puede traer una respuesta sobre la propia imagen y las características de ti mismo.

....

....

....

....

....

10. ¿Cuál es el recuerdo de la infancia que más te acuerdas?

La infancia es una parte muy importante de nuestra vida.

....

....

....

....

En el próximo libro *EL TESORO ERES TÚ*, hablaré sobre las emociones y sentimientos de cuando eras niño y cómo te afectan cuando eres adulto.

La infancia es una parte muy importante de nuestra vida.

11. ¿Qué es lo que te hace desconfiar de los demás?

....

....

....

....

Lo que no nos gusta dice cómo podemos ser nosotros.

En esta última pregunta te comentaré que lo que no nos gusta de los demás en muchas ocasiones está dentro de nosotros y forma parte quizás no de igual manera, pero si en alguna ocasión piensas que esa persona es una egoísta y no te gusta que sea así, mírate dentro de ti, porque en alguna ocasión te puedo asegurar que tú has sido egoísta, quizás en otro contexto, pero lo has sido.

Espero que lo hayas echo, tomar acción es muy importante. Una vez ya realizado, porque lo hiciste, ¿verdad? Recuerda que solo estoy aquí para ayudarte como en un momento de mi vida lo hicieron conmigo.

Crea tu propio grupo **DE TRIBU ARCOÍRIS CONSCIEN-TE** para compartir vuestras experiencias. Y apoyaros entre vosotros, hablar que os parece el libro, que os ha llamado más la atención. En grupo se aprende del uno y del otro, sé un líder y comienza por compartir las cosas que te han sucedido, los retos que has logrado. Ser una piña arcoíris estamos aquí para revolucionar el mundo y dejar nuestro legado.

POR QUÉ HUIMOS DEL SILENCIO

Vivimos en un mundo con mucho ruido y apenas nos permitimos escucharnos a nosotros mismos. A muchas personas les aterra esta ausencia del ruido como por ejemplo el sonido de un coche, la gente hablando, una ambulancia, televisión, etc...

¿Nunca te ha pasado que has ido a la montaña, al pueblo donde normalmente no hay mucho ruido o casi nada de ruido y te pones nervioso y cualquier sonido extraño te hace estar desconfiado? Tenemos que, en la mayoría de los casos, estar escuchando algo de fondo, lo que sea. Porque quedarnos completamente en silencio nos aterra.

POR QUÉ NECESITAS ESTAR SOLO

A veces tenemos que recordar que necesitamos pasar tiempo con nosotros mismos.

El hombre grande es aquel que en medio de las muchedumbres mantiene, con perfecta dulzura la independencia de la soledad.

Emerson

Después de pasar un día en el trabajo, familia, amigos, necesitamos pasar unos momentos con nosotros mismos, reconectar y dejar a un lado las preocupaciones.

"La mayoría de los pensamientos no nos ayudan en nada, sino que a veces nos perjudican la única forma de silenciar estos pensamientos es a través del silencio, un silencio que la gran mayoría de las veces encontramos en nuestros momentos de soledad"

**Thitch Nhat Hanh
(Maestro budista zen)**

Cuando te concedes unos momentos, apártate del mundo exterior, de las preocupaciones, facilita sentirte más tranquilo para decidir.

Puedes ver el problema desde otro punto totalmente diferente y lleno de opciones positivas así podrás tomar mejores decisiones.

Una de las cosas más importantes es que la soledad fortalece tu confianza porque escuchas tu voz interior y desde ese punto puedes analizar los pros y los contras en nuestra propia experiencia de vida, para eso se debe parar por un momento, escucharlos y detectar cuáles son nuestras necesidades para encontrarnos a nosotros mismos.

Poco a poco irá bajando el volumen de nuestros pensamientos y podremos llegar hasta nosotros, saldrá a la luz aquello que sentimos, esos pensamientos ocultos que nos reprimen.

Otro de los factores que nos beneficia estar solos es el de la **creatividad**. Nos ayuda a expandir nuestra mente y liberar nuestros talentos. La soledad es el verdadero origen de la creatividad.

"La creatividad no se practica, se libera".

Lama Rinchen Gyaltsen

La soledad es donde escuchas a tu corazón. Estar solo te permite encontrarte. Si no lo has hecho te invito a que lo pruebes: estar tú solo, tú sin nadie ni nada más.

El silencio nos trae cambios positivos. Paracelso, filósofo y médico del siglo XVI, recomendaba el silencio como medida para mantener la buena salud. Se guiaba por la tradición pitagórica, en la cual se mantenían cinco años sin decir ni una palabra, antes de poder hablar con el maestro.

Un estudio llevado a cabo en Alemania por el *Research Center for Regenerative Therapies Dresden*, dice que hay procesos que solo se pueden llevar a cabo en silencio. Se pensaba que hasta hace poco las neuronas eran incapaces de regenerarse, con el desarrollo de la neurogénesis se ha comprobado que esto es un error. Todavía no está muy claro que es lo que promueve la regeneración neuronal y cerebral. Pero ya hay pistas valiosas sobre el tema y una de ellas es el silencio.

Unos investigadores alemanes hicieron un experimento con unos ratones: los dejaron en silencio durante dos horas al día para ver si sus celebros obtenían algún cambio. El resultado fue que se había producido un crecimiento del número de células dentro del hipocampo. Esta es donde el cerebro regula las emociones, memoria y el aprendizaje. Es increíble verdad como algo tan simple estar en silencio nos puede regenerar nuestras células. Cada día me doy cuenta de que somos seres especiales, extraordinarios y del poder que tenemos. Somos seres divinos como nuestro creador, a imagen y semejanza.

RELATO DEL SILENCIO Y LA SOLEDAD.

Largo ha sido el recorrido hasta llegar hasta este punto y lo que aún queda. Ese desierto que has cruzado sin agua, con hambre, inseguridad, incertidumbre, sensación de miedo.

El camino desde Egipto a tu tierra prometida, en ese proceso has podido encontrar tu camino. Miras hacia atrás y ves lo que has aprendido. Que el silencio ha sido tu peor enemigo y que ahora es tu gran compañero.

Ese silencio donde aprendes a conocerte y a escucharte, en ese momento contigo mismo después de un largo día. Te acuestas, reposas en tu cama, cierras los ojos y sientes como esos pensamientos y emociones se van poniendo en orden, solos tú y el, silencio y soledad que sinergia tan bonita y a la vez tan dura.

Éxtasis de querer y no poder, de necesitarlo y no saber estar. No encuentras sentimientos encontrados buscas esa paz interior, esa tranquilidad que te sumerge en un mar de incertidumbre porque no has aprendido a vivir en soledad.

En silencio tú mismo. Poco a poco lo consigues, pasito a pasito, entras en un estado hipnótico, eres consciente que la soledad y el silencio forman parte de tu vida, que te da beneficios y aumenta tu calma interior, tu creatividad, el amor contigo mismo, ser fiel a tus sentimientos, emociones y a vivir en plenitud.

Os voy a dejar el video que tengo en mi canal de YouTube por si os gusta más escucharlo.

Si te gusta dale un like y recuerda suscribirte a mi canal.

Gracias, gracias y gracias.

¿Estás preparado?

Recuerda que esto es para ti, ser esa persona que eres tan espectacular y maravillosa.

Te amo y me amo, creo en ti 1000 %.

Gracias, gracias y gracias por formar parte de mi vida

Sois mis bendiciones.

El cerebro nunca descansa, incluso cuando estamos durmiendo, es un procesador que sigue haciendo su trabajo de forma distinta. Es como si se reiniciase. El cerebro evalúa la información a la que hemos estado expuesto durante todo el día. Organiza lo más importante y lo que no sirve lo desecha. Todo esto sucede inconscientemente, pero sus efectos son conscientes. No te ha pasado que a veces te has levantado y has encontrado la respuesta después de haber descansado. Lo más interesante es que cuando estamos en silencio también se produce algo similar.

La universidad de Pavia verificó que con solo dos minutos de silencio absoluto son más relajantes que escuchar música relajante. Se mostró que la presión sanguínea disminuía y que las personas se sentían más despiertas y tranquilas después de esos momentos.

Por lo tanto, estar en silencio determina el cerebro y es un elemento decisivo para mejorar nuestro estado emocional y calidad de vida.

Hemos aprendido la importancia de conocerse a uno mismo, de saber estar solo, de lo importante que es y los beneficios del silencio de escucharte. Espero que hasta aquí te haya gustado y ahora seguimos en tu viaje a la vida interior, ese viaje a la vida interna.

Te voy a contar como de importante es creer en ti la autoconfianza.

Gracias por ser y estar.
Ahora es el momento de las declaraciones
que las digas con firmeza.

ELIJO AMAR A QUIEN YO QUIERA

ELIJO A DEJAR ATRÁS LA ANTIGUA VERSIÓN DE MI MISMA Y SER DESDE AHORA MI MEJOR VERSIÓN

ELIJO AMARME A MI MISMELIJO TENER UNA VIDA ESPECTACULAR

ELIJO SER FIEL A MIS SENTIMIENTOS

ELIJO RECONOCERME, AMARME Y RESPETARME

ELIJO EVOLUCIONAR Y CRECEELIJO HACERME RESPONSABLE DE MIS ACTOS

¿ME AYUDAS?

Me encantaría que cuando tengas tu libro en la mano, me mandases una foto con el libro o la trilogía y cuando lo acabes de leer me escribas contándome cómo te ha ayudado. Me emocionaría saber que te ha podido ayudar.

Espero que me hagas ese favor.
Te dejo el email anacabellonieto76@gmail.com.

Así me servirá para que llegue a cuantas a más personas mucho mejor, te ayudaras a ti, me ayudaras a mí y ayudaremos a muchas más personas que necesitan tener una vida mejor, que vean que hay gente que ha pasado por eso y que le pueden ayudar, que no están solos.

Para mí es un honor y un placer y por eso mi forma de dar la gracias de corazón es esta.

<u>RESUMEN</u>

El ser humano es un conjunto formado por:

Cuerpo físico, mente, emociones y alma.

Es muy importante trabajar todas para poder equilibrar, no hay que olvidar y no son menos importantes las emociones y el alma.

Hay que saber estar con uno mismo, conocerte, saber escucharte, saber de tus necesidades, porque tu eres con la persona que pasas mas tiempo consigo misma.

Ten tu espacio y se generosa contigo misma. Es muy importante todos los días conectarte **contigo, con meditación, ejercicio, actividades...**

El silencio es calmar nuestra mente, escucharnos, nos recarga y reduce nuestro estrés.

ALZANDO UN GRITO
HACIA LA LIBERTAD
DE UNO MISMO.

Y MI LEMA ES:
Vive y se feliz

ARCOIRIS, ARCOIRIS, ARCOIRIS-GUERREROS

II
APRENDE LA DIFERENCIA AUTOESTIMA Y LA AUTOCONFIANZA

"Los problemas son los regalos que nos hacen desenterrar y descubrir quiénes somos, para qué estamos hechos y que somos responsables de volver a la vida"

Tony Robbins

Quiero hablarte de la diferencia que hay entre estas dos palabras, son muy primas hermanas, pero tienen algunas diferencias.

La autoestima es cuando una persona se valora a si misma, vive en lo que merece y no en lo que necesita. Lo que necesitamos son carencias, ir cediendo poco a poco. Por ejemplo, ceder a que nos traten mal, a que tengan celos, trabajar por un sueldo que no te lo mereces, ser de distinta manera para agradar, ocultar nuestra sexualidad por el qué dirán, por no estar solo. Todos hemos pasado por algún momento de nuestra vida cediendo solo porque se nos olvida valorarnos.

Para dejar de vivir en la necesidad hay que ser consciente de ello, después saber que eres merecedora de todo, de disfrutar de las cosas que te gustan, ¿qué es lo que te gusta hacer?, ¿qué te apasiona?, ¿cuál es la persona que amas?, ¿qué es lo que te hace sentirte realizada?

Una vez que ya sabes qué es lo que te hace sentir bien y feliz, debes tener el valor de saber decir NO a todo lo que no cumpla tus requisitos y lo que no te hace que disfrutes. Recuerda lo importante que es ser honesto contigo mismo. Si cedemos en algo que no nos gusta es no amarnos, vales mucho más, no negocies por algo inferior.

Un cuento que me hizo reflexionar y lo tengo grabado en la mente es de Jorge Bucay.

EL ELEFANTE ENCADENADO

Cuando yo era pequeño me encantaban los circos, y lo que más me gustaba de los circos eran los animales. También a mí como a otros, después me enteré, me llamaba la atención el elefante. Durante la función, la enorme bestia hacia despliegue de su tamaño, peso y fuerza descomunal... pero después de su actuación y hasta un rato antes de volver al escenario el elefante quedaba sujeto solamente por una cadena que aprisionaba una de su patas clavada a una pequeña estaca en el suelo.

Sin embargo, la estaca era solo un minúsculo pedazo de madera apenas enterrada unos centímetros en la tierra. Y aunque la cadena era gruesa y poderosa me parecía obvio que ese animal capaz de arrancar un árbol de cuajo con su propia fuerza podría, con facilidad, arrancar la estaca y huir. El misterio es evidente: ¿Qué lo mantiene entonces? ¿Por qué no huye?

Cuando tenía 5 o 6 años yo creía todavía en la sabiduría de los grandes. Pregunté entonces a algún maestro, a algún padre, o a algún tío por el misterio del elefante. Alguno de ellos me explicó que el elefante no se escapaba porque estaba amaestrado. Hice entonces la pregunta obvia: Si está amaestrado, ¿por qué lo encadenan? No recuerdo haber recibido ninguna respuesta coherente.

Con el tiempo me olvide del misterio del elefante y la estaca... y sólo recordaba cuando me encontraba con otros que también se habían hecho la misma pregunta. Hace algunos años descubrí que por suerte para mí, alguien había sido lo bastante sabio como para encontrar la respuesta: El elefante del circo no se escapa porque ha estado atado a una estaca parecida desde muy, muy pequeño. Cerré los ojos y me imaginé al pequeño recién nacido sujeto a la estaca. Estoy seguro de que en aquel momento el elefantito empujó, tiró, sudó, tratando de soltarse. Y a pesar de todo su esfuerzo, no pudo. La estaca era ciertamente muy fuerte para él. Juraría que se durmió agotado, y que al día siguiente volvió a probar, y también al otro y al que le seguía... Hasta que un día, un terrible día para su historia, el animal aceptó su impotencia y se resignó a su destino. Este elefante enorme y poderoso que vemos en el circo, no se escapa porque cree -pobre- que NO PUEDE. Él tiene registro y recuerdo de su impotencia, de aquella impotencia que sintió poco después de nacer. Y lo peor es que jamás se ha vuelto a cuestionar seriamente ese registro. Jamás... jamás... intentó poner a prueba su fuerza otra vez...

Nos hace reflexionar sobre una realidad que muchos de nosotros tenemos, las creencias de que no podemos hacer algo porque alguna vez lo intentamos y fallamos y simplemente nos grabamos ese mensaje de que jamás podríamos conseguirlo.

Tú eres cocreador de lo que deseas, no seas como ese elefante, busca la forma de soltar esas cadenas que te impiden ser quien has venido a ser.

AUTOCONFIANZA

Cuando tú crees que puedes hacer algo se crea la autoconfianza que es lograr lo que te propones porque crees en ti, tienes miedo, pero aun así lo consigues y rompes esas creencias limitantes. Porque lo deseas con tanta fuerza que crees en ti y en tus cualidades.

Seguro que alguna vez has dicho esto no lo puedo hacer es muy difícil y te has puesto y lo has conseguido. Si alguien lo hace, tú también lo puedes lograr, solo es cuestión de fe y tomar acción.

AHORA ESCRIBE 40 COSAS QUE HAS REALIZADO A LO LARGO DE TU VIDA

Sacarte el carné de conducir, aprender a nadar, aprobar un examen, etc. Lo que crees lo creas, tú eres creador de tu realidad, si creemos que algo es imposible será bastante difícil la autoconfianza.

Confiar es la palabra que nos hace saber que podemos, que somos capaces. Que si no me sale a la primera, me saldrá a la segunda, aquí no hay fracasos, son aprendizajes. Cómo pensamos y hablamos es lo que somos y la mente no distingue de verdad o mentira. Y el Universo, Dios o como quieras llamarlo tampoco, existen leyes universales y una de ellas es el mentalismo lo que tu piensas sea bueno o malo se manifiesta: ¿Hacia dónde diriges tu atención?

Somos energía por lo tanto la atención fluye hacia donde pongas tú el foco, cuando tienes un problema le damos más fuerza, ¿te enfocas en problemas o soluciones?, días enteros sin dormir, se te cierra el estómago, es la manera que a esa carencia le das más visibilidad.

Saca lo positivo de cada cosa vivida, sé que es difícil, sé lo que quizás ahora estarás pensando, por ejemplo, la muerte de un ser querido, ¿qué sacas de ahí positivo? Lo que yo saque después de la muerte de mi madre fue tener valor y enfrentarme a mis miedos, si hoy siguiera viva, mi vida sería igual que hace 16 años, no estarías leyendo este libro, no sabría que me gustan las mujeres, seguiría estando en ese mismo trabajo el cual odiaba, me hacía sentir fatal, no hubiese conocido a una de las personas que más he amado y me ha enseñado.

No sería la persona que soy, mi nueva versión, seguiría viviendo en mi burbuja. Mi vida no ha sido fácil, he pasado por muchos retos como tú, muchas veces miraba las cosas con negatividad, vivía sumergida en el victimismo. Si me contabas algo que te había pasado, a mí siempre más que a ti. Lo llegué a tener todo, trabajo, casa, coche, moto, pareja… pero me faltaba algo muy importante: ser feliz.

Por lo tanto, estaba vacía por dentro. Dicen que la depresión es la enfermedad del alma, se me pasó por la cabeza quitarme la vida, tuve que pedir ayuda a mi padre y mi hermano porque estaba a punto de cometer una locura. Y esto sucedió porque no me escuchaba, ni me quería, ni me amaba y cada vez me hacía más pequeña.

Y así como lo tuve lo perdí, el mundo estaba en contra mio, los demás eran los culpables de lo que me pasaba, la muerte de mi madre, la sociedad, mis jefes, mi familia, amistades, mi pareja, mis compañeros de trabajo, etc.…, hasta que algo me hizo ver en mi interior, era una persona muerta en vida. Toqué fondo, me sumergí en un caos, en mi desierto particular.

Claro que hubo un momento en donde fue el declive. En el entierro de mi madre había mucha gente, personas que venían a darme el pésame y que me dijeron algo que me marcó durante muchos años, eso fue lo que me hizo pasar por todo este proceso que te estoy contando.

El poner etiquetas, el decirte qué tienes, qué debes, joder y perdón por el taco, revivir esto otra vez me ha hecho darme cuenta de cuántas cosas he superado y cómo esas experiencias me han hecho crecer, aunque ahora lo veo desde otro punto de vista, desde otros prismas, desde otras gafas…

Te preguntaras cuál fue esa frase, pues fue **"tú ahora eres la más fuerte de la familia, eres el pilar y tienes que cuidar a tu padre y a tu hermano"**.

Mirad con solo esa frase que esas personas no lo hicieron por hacer daño, simplemente me vieron de esa forma, de que era fuerte, cómo cambio mi vida. Las etiquetas, los juicios, las palabras son muy peligrosas y debemos ser consciente del daño que pueden hacer.

Hacernos rápidamente una idea preconcebida de las personas forma parte de nuestro pensamiento automático, tan solo con ver una imagen, algunos gestos y un comportamiento determinado, somos capaces de formar una imagen sobre la otra persona que nos hará acercarnos, rechazarla o incluso criticarla. Nos preocupamos poco en conocer bien a una persona, en profundizar en ella, conocer sus intereses y motivaciones para poder comprenderla.

Me lo creí, lo compré, me puse a ocupar el rol de madre. Mi hermano solo tenía 21 añitos, mi padre con depresión hoy en día sigue diagnosticado, el problema es que él se lo cree. Durante años no tuve vida, solo la enfocaba en ellos, no quería que lo que le había sucedido a mi madre se repitiera. Como si quedándome en casa junto a ellos no volvería a suceder. Me creí que era la salvadora.

Fue tal la creencia que tenía que, sin mí, mi familia no podía estar, que todo se fue, lo perdí todo. El apego al miedo de perder alguien más, fue una acumulación de muchas cosas. Miedos a que, si no estaba con ellos, no podrían vivir. Les podría pasar algo.

Hoy en día comprendo perfectamente que todo pasa por algo, que sino hubiera pasado todo esto, no sería la persona que soy hoy en día. La importancia de hablar con quién quieras y desahogarte es una terapia de las mejores que hay, pero no todo el mundo lo sabe hacer.

Te contaré cómo fue el momento en que me di cuenta de que me gustaban las mujeres. Lo que te quiero decir que tú eres energía y te enfoques en la solución, no en el problema, que la energía ni se crea ni se destruye.

Tony Robbins, por si no lo conoces, es la persona más relevante en el desarrollo personal, para mí un gran maestro junto con Laín García Calvo, Nacho Muñoz, Javier Iriondo, Buda, Jesús de Nazaret, Louse Hay, Deepak Chopra, Whane Dyer, Jorge Bucay, Rober Kiyosaki.

Sigamos con la autoconfianza. Espero que te haya ayudado un poquito esto que te he contado dice la verdad, que reconozcas que solo tú eres responsable de tu vida, que nada es afuera y que todo es adentro, que los demás son espejos tuyos y te enseñan tanto lo bueno como lo menos bueno para que avances.

Déjame que te haga una pregunta: ¿eres súper honesto contigo? La honestidad es una cualidad que valoramos mucho en los demás, pero en nosotros no tanto, lo primero que tenemos que hacer es centrar la atención en nosotros. Desconectar de todo y reflexionar, para escucharnos, decirnos lo que queremos escuchar.

El filósofo chino **Confucio** también quiso sentar las bases y las **características de la honestidad.** Para Confucio, esta virtud es uno de los **componentes más importantes de una personalidad saludable** con el resto de las personas y con el entorno. Así, distingue tres niveles de honestidad: el nivel más superficial (denominado Li), que se refiere a las acciones que realiza una persona con el fin de cumplir sus propios deseos; el nivel intermedio (llamado Yi), que hace referencia al principio moral de la justicia y que se basa en la reciprocidad; y finalmente, el nivel más profundo (al que se refiere como Ren), que requiere de auto presión precisa para ser capaces de comprender a los demás.

TE DIRÉ VARIOS EJEMPLOS DE HONESTIDAD:

Reconocer las equivocaciones, devolver los objetos encontrados, no engañar ni mentir, ser fiel a tus principios, reconocer los méritos de los demás y los tuyos mismo.

Ahora mismo te voy a ser honesta, cuando escribí estas líneas estaba mala, con 38 de fiebre, me dolía todo el cuerpo, no tenía ganas de nada. Pero me prometí a misma que tenía que escribir 7 páginas diarias y a mi mentor, por lo tanto, aunque estuviese sin ganas, estaba aquí dándolo todo lo mejor que sé, superando mis barreras. Me levanté de la cama y di mi 200 %, eso para mí es ser honesta conmigo misma. Si yo puedo tú también puedes. Se que esto a ti no te servirá de nada, quizás te de igual, pero para mí esto es algo que marca un antes y un después en mi vida.

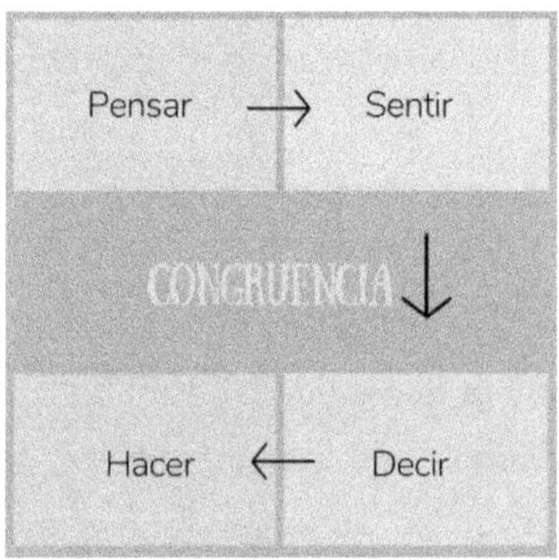

Como haces las cosas así eres, si dejas las cosas a medias, si las dejas para otro momento, eso es lo que te define. Deja de postergar las cosas para otro momento. Y te aseguro que las vas dejando y así van pasando los días y ya no las haces o las haces deprisa, corriendo y mal.

Ahora sé que esto te estará chirriando, te estará poniendo incomodo y si es así para mí eso es una bendición, porque estoy dándote en algo que te duele. Cerrarás el libro, te sentirás mal, tu mente te pondrá excusas, seguirás en tu zona de confort, ahora ya es tu decisión de lo que debes y no debes ser. Tú eres quien elige.

<u>AHORA ESCRIBE 10 COSAS QUE TE HAGAN SER SÚPER HONESTA.</u>

1. ....

2. ....

3. ....

4. ....

5. ....

6. ....

7. ....

8. ....

9. ....

10. ....

Alguna vez te has hecho la pregunta de **¿quién soy?** Es frecuente sentir un malestar que te lleva a la incertidumbre y a la sensación de que nuestras vidas no tienen sentido, conocerse a sí mismo es una manera de ser realista, tener los pies en el suelo, de saber hacia dónde ir y conectar con nosotros.

¿Sabes decirme quién es la persona más importante de tu vida?

Escríbela aquí abajo.

La persona más importante de tu vida eres **TÚ,** ámate, sin ti la vida se perdería lo que tú eres, con tu ejemplo enseñas tantas cosas, gracias a ti podemos enriquecernos con las cosas que nos brindas. Mírate al espejo, ves esos ojos, esos ojos son capaces de ver con amor, agradecimiento, amistad, inteligencia, esa mirada vale millones, puede cambiar la vida de los demás, esa imagen que ves delante de ti es la que ayuda, la que brinda su amistad, la que cuida a los suyos, la que apoya, protege, abraza, sirve, crece; eres auténtica, única e irrepetible y no hay nadie como tú, eres especial, tienes la capacidad de dar lo que tienes.

Eres lo más hermoso que tienes, mírate, ámate porque para dar amor primero tienes que dártelo a ti mismo, la calidad de amor que tú te das es la misma que recibes. Tú tienes la llave de cambiar las cosas que te suceden. Reconoce la grandeza de tu alma, tú eres enorme, lo que has crecido, los retos que has superado. ÁMATE. Eres consciente de la persona que eres, un milagro, un ser excepcional.

PASOS PARA AMARTE INCONDICIONALMENTE

En lugar de ser una víctima de las circunstancias tienes el poder de crear las tuyas o decidir cómo vas a actuar ante aquellas que la vida te presenta. Quejarse es totalmente inútil y no te beneficia, en su lugar busca qué es lo mejor para obtener resultados diferentes, deja de quejarte, tienes que buscar tus propias soluciones, lo que funciona para unas personas no te garantiza que funcione para ti.

Deja de críticas hacia ti mismo, que no vales nada, que todo lo haces mal, qué asco me doy, mi vida es una mierda, etc.… y cámbialas por palabras de amor, valgo mucho, todo me sale bien, mi vida es súper maravillosa, ya te comenté que el poder de la palabra y como te hablas a ti mismo es súper importante y te describe lo que eres.

Para que seas consciente de lo que te digo haz este ejercicio: ¿puedes aguantar 24 horas sin quejarte?

Dime si o no.

Escribe y ahora se consciente y observa si eres capaz.

Deja de hablar mal de los demás. Es algo tóxico juntarte con personas que lo único hacéis es criticar a las otras personas o que se quejan del vecino de enfrente porque tiene la música fuerte, dedica tu tiempo en mejorarte a ti mismo y mejorar tu entorno.

Escuchar a una persona que se pasa todo el día criticando es agotador, te resta energía, nos desgatan y te lleva a tener comportamientos negativos. Nos intoxican la mente y nuestras emociones.

"Quien dedica su tiempo a mejorarse a sí mismo no tiene tiempo para criticar a los demás".

Teresa de Calcuta

Ten conversaciones más profundas, la gente confiará más en ti y las relaciones mejorarán. Concéntrate en tus logros en vez de machacarte por los errores del pasado deja de culpar a los de fuera de lo que eres o no eres, por lo que tienes o no tienes, por lo que sientes o no sientes. Enfócate tanto en tu vida que no tengas tiempo para criticar a los demás. Haz afirmaciones si eso aún no te funciona porque tu crítico interno es demasiado poderoso, puedes visualizarte como una persona que cree mucho en sí misma, puedes jugar como eras pequeño a ser otra persona.

En las próximas páginas tendrás algunas afirmaciones para que digas. Cambia tu manera de verte, cuando andes por la calle imagínate que eres esa persona que quieres y deseas, imagínate que vas a coger tu coche, que vas a tu empresa, que estas con tus trabajadores, que consigues estar más delgado, que eres esa persona que tanto sueñas con esa fuerza, felicidad inmensa, con una luz que brilla, con confianza. Deja de culpar a los demás de lo que tienes o no tienes, por lo que sientes o no sientes.

Anteriormente te dije que para conseguir tus metas tienes que cumplir tu palabra con lo que te propones y adquirir nuevos hábitos, reaprender. Recuerda que llevas siendo muchos años esa persona y que ahora para ser tu mejor versión tienes que decidir tomar acción y ser tu nueva versión, esa que te llevará a ser la persona que deseas ser.

No es un camino fácil, de hecho no será de un día para otro, porque tienes que cambiar tantas cosas y hábitos de que tienes que ser consciente en todo momento y ser honesto contigo mismo cada vez que hagas algo que no te gusta. Debes ser consciente y cambiar al momento por otra frase, afirmación positiva y agradecimiento.

Te aseguro que si esto lo vas haciendo diariamente se ira integrando en ti, lo conseguirás, puedo estar tan segura porque yo lo he conseguido porque millones de personas lo han conseguido.

Así que, ¿porque tú no lo vas a poder hacer? y lo mejor de ello es que te sorprenderás de los milogros que consigues. A mí en vez de milagros me gusta más la palabra milogros. La importancia de ser auténtico, de ser creativo, ser tu mejor versión. ¿Me sigues?

CÓMO SER AUTENTICO

No intentes complacer a todo el mundo, eso es imposible, tu opinión es igual de importante que la de los demás, incluso si tus ideas son diferentes a las otras personas eso no las hace menos válidas.

Buscar la aprobación de los demás en muchas ocasiones te lleva a la ansiedad, infelicidad y frustración. Acéptate y continúa trabajando en ti mismo, evolucionando, siempre dando lo mejor que puedas en cada momento, admite tus errores en vez de negarlos. Haz las cosas que quieres hacer y no lo que las demás personas quieren que hagas, si tienes un problema, toma responsabilidad en vez culpabilizar al otro.

Tienes que observar con quien pasas tu mayor tiempo, con las personas que pasas tu mayor tiempo es lo que te define. Si estás en un grupo de amigos que solo hacen que criticar, drogarse, robar, beber los fines de semana, hablar de las noticias, de cosas negativas, debes de mantenerte alejado de la negatividad, tristeza, personas toxicas y atraer a tu vida la positividad de las personas que te apoyan. Sepárate de esas relaciones que ya no te suman, de las personas que no te valoran.

En la página siguiente te hablaré sobre la felicidad budista.

LA FELICIDAD BUDISTA

Nos cuenta que una elección que radica dentro de nosotros es paz, tranquilidad, serenidad. Lama Rinchen afirma que tenemos un péndulo que va desde un lugar a otro y lo que tenemos que encontrar es el punto medio. Por ejemplo, te compras un coche. En ese momento te sientes bien, pero conforme va pasando los días ya necesitamos adquirir otra cosa. Nunca tienes suficiente. Para el budismo esto son momentos de placer pasajeros.

La felicidad, desde el punto de vista del budismo, es un estado de quietud interna, pase lo que pase ahí fuera, no le damos el poder de influir en nosotros. La felicidad está en nosotros mismos y no en las cosas del exterior, en un teléfono, ropa...no centrarte tanto en lo de fuera. Cuando estés en tus últimos días de vida, recordarás las experiencias vividas con tu familia, amigos, leyendo ese libro.

De esta vida solo te llevas las experiencias, lo vivido, cómo has ayudado y has crecido como persona. Vienes sin nada y te vas sin nada material.

El cementerio está lleno de personas que no consiguieron sus sueños porque pensaban que eran tonterías, ¿has escuchado alguna vez que el cementerio es el lugar más rico? ¿Sabes por qué? Es donde están las mejores ideas, esas que no te atreviste a realizar porque no creías en ti mismo, por no tener claridad, por pensar que tú no eres nadie y esas ideas mueren dentro de nosotros. Pon actitud, recursos, inteligencia. Nos contamos tantas historias que nos engañamos y al final esas ideas mueren dentro de nosotros.

"El cementerio está lleno de personas imprescindibles".

Napoleón Bonaparte

Vas a aprender cómo empoderarte, estás en el camino, ¿vamos a por ello?

Primero de todo darte las gracias, gracias y gracias.
Por formar parte de mi vida, sois mis bendiciones.
Gracias por ser y estar.
Ahora es el momento de las declaraciones
que las digas con firmeza.

ELIJO AMAR A QUIEN YO QUIERA

ELIJO A DEJAR ATRÁS LA ANTIGUA VERSIÓN DE MI

MISMA Y SER DESDE AHORA MI MEJOR VERSIÓN

ELIJO AMARME A MI MISMA

ELIJO TENER UNA VIDA ESPECTACULAR

ELIJO SER FIEL A MIS SENTIMIENTOS

ELIJO RECONOCERME, AMARME Y RESPETARME

ELIJO EVOLUCIONAR Y CRECER

ELIJO HACERME RESPONSABLE DE MIS ACTOS

RESUMEN

En esta lección hemos aprendido la importancia de **la autoestima y la autoconfianza**

La autoestima es cuando una persona se valora vive en lo que se merece y no en lo que necesita.

Es muy importante saber hacia dónde diriges tu atención y hacerlo de forma positiva, buscar de las experiencias el lado bueno.

La honestidad con uno mismo **Pensar – sentir – decir – hacer**

Tu eres la persona mas importante del mundo con quien tienes que vivir toda tu vida.

Deja de ser tan duro contigo mismo, deja de hablarte mal, hazte responsable 100% de tus actos, se autentico porque no hay ningún ser humano igual a ti.

III
EMPODERAMIENTO

"Puedes, deberías, y si eres lo suficientemente valiente como para empezar, lo harás".

Stephen King

Te voy a dejar unas frases de empoderamiento personal de personajes famosos.

"Si crees que puedes o crees que no puedes, tienes razón".

Henry Ford

"El acto más valiente es pensar por ti mismo. En voz alta".

Coco Chanel

"Si quieres el arcoíris, tienes que aguantar la lluvia".

Dolly Parton

"En la vida obtienes lo que tienes el valor de pedir".

Oprah Winfrey

"No esperes el momento perfecto, toma el momento y hazlo perfecto"
"Si buscas resultados distintos, no hagas siempre lo mismo".

Albert Einstein

*"Cada vez que sientas la tentación de reaccionar de la misma
manera, pregúntate si quieres ser un prisionero
del pasado o un pionero del futuro".*

Deepak Chopra

"Nunca aceptes menos de lo que mereces".

Anónimo

"No te levantes para ser mediocre".

Anónimo

El poder personal es superar los obstáculos (miedo, inseguridad, vulnerabilidad) que te impiden aceptarte como eres y amarte.

Hemos empezado con unas frases de personas célebres y a continuación vamos a ver qué es el empoderamiento y como conseguirlo. Las veces que perdemos nuestro poder e identificar cuándo lo perdemos para saber cómo recuperarlo, es un ejercicio que puedes realizar.

BYRON KATIE:

Una gran parte de nuestro estrés procede de vivir mentalmente fuera de nuestros asuntos, por ejemplo, cuando pienso tú necesitas encontrar un trabajo o quiero que seas feliz o deberías de ser puntual, necesito que cuides mejor de ti mismo, me estoy ocupando de tus asuntos.

Cuando me preocupo por los terremotos, las inundaciones, la guerra o cuándo moriré, me estoy ocupando de los asuntos de la vida.

Sí me ocupo mentalmente de tus asuntos o los de la vida, el efecto es de soledad y separación, si tú estás viviendo tu vida y yo estoy mentalmente viviendo la tuya, ¿quién está aquí viviendo la mía? Los dos estamos allá.

Estar mentalmente en tus asuntos, mentiré estar presente en los míos, me separó de mí misma y me pregunto: ¿por qué razón mi vida no funciona? Y por supuesto que me siento sola y separada. Nadie más causa mi soledad porque eso lo hago yo.

Entonces hay tres asuntos, mis asuntos, tus asuntos y los asuntos de la vida. Vamos a poner unos ejemplos, para entenderlo mejor.

Si yo me siento triste, ¿de quién es el asunto? ¿Contéstate? Es mi asunto, pero echamos la culpa a los demás, creo que me siento triste por tu culpa. Si el otro me hace algo, ¿de quién es el asunto? Esta es más difícil de contestar si hemos dicho que la pérdida del poder es cuando estoy en tu asunto mentalmente, hay que saber cuándo es el asunto y a quién le corresponde.

Si tú me has hecho algo para estar triste, ¿de quién es el asunto, si me grita, se porta mal conmigo? Suyo, de la otra persona. Ahora si yo estoy afectada por lo que me ha hecho, el asunto es mío. Si tengo que poner límites ante la evasión del otro, el asunto es mío. Pero presuponemos que el otro nos tiene que tratar de otra manera y si presupongo, ¿de quién es el asunto? Mío, los deseos de cómo nos debería de tratar el otro son míos y si el otro lo hace o no es suyo.

Que él o ella no me valore, ¿de quién es el asunto? Es su asunto, mi trabajo es valorarme a pesar de que el otro no me valore. Aquí está el poder, a pesar de que no me valore, yo me estoy valorando. ¿De quién es el asunto de nuestras necesidades? MÍAS, pero le pedimos al otro que nos la cubra.

La culpa te muestra un lugar de víctima y luego las excusas que te cuentas de cómo deberían ser las cosas y no son, de lo que deberían de hacer los demás, de todas las historias. Esperar y desear, yo puedo esperar o desear que el otro sea amable, cariñoso, desear no es malo, lo malo es esperar cuando estás esperando que pase. Hay que transformar esa energía de víctima en energía de poder.

Una de las cosas que a mí me va muy bien y me hace ser consciente en el momento que irrumpen pensamientos que no tienen que estar hay es el Ho'oponopono. Es una técnica milenaria hawaiana que significa corregir un error. Es un proceso de arrepentimiento, perdón y transmutación que te permite hacer una limpieza mental de los pensamientos y sentimientos negativos para recuperar la paz interior y eliminar los bloqueos.

Es una conexión con el universo y nos ayuda a ser conscientes de que las cosas que nos pasan son nuestras, que la responsabilidad de nuestras emociones frente a los problemas que vivimos y que en el interior de cada uno de nosotros está la solución.

Es una manera de borrar nuestras memorias negativas y se obtiene una sensación de liberación de las preocupaciones. Es un mantra que tiene muchos beneficios para la salud y ayuda afrontar las dificultades ante situaciones que provocan malos sentimientos o pensamientos.

Estos son algunos ejemplos de para qué sirve:
- Reduce los niveles de estrés y ansiedad.
- Ayuda a construir un autoconcepto de la realidad.
- Tienes más paz interior.
- El celebro se reprograma, libera las endorfinas y serotonina. El estado de ánimo es mucho mejor.

Es una herramienta que te sirve para que tú puedas practicarla sin la necesidad de nadie, solo contigo mismo y es pedirnos perdón a nosotros mismos.

Más arriba te hablaba de que es un mantra y que a mí me acompaña durante muchos años desde que conocí a esa técnica.

LO SIENTO, PERDÓNAME, GRACIAS. TE AMO

Ante cualquier situación que me hace sentir mal, cuando he discutido con alguien, cuando las cosas no me han salido como yo quería, siempre utilizo esto y sinceramente a base de repetición poco a poco me voy relajando y siendo consciente de las cosas.Deseo que te ayude tanto o más que a mí.

Empoderarte es ser fiel a tus principios y ser coherente en cada situación. Para saber si estás desempoderado te voy a enumerar algunos que indican que necesitas empoderarte.

Por ejemplo, si cada vez que haces algo, necesitas la aprobación de otras personas, hacer tuyos los problemas de los demás, eres muy crítico contigo mismo, no sabes decir no o te cuesta, haces cosas que no te apetecen por agradar y antepones tus necesidades, te autocastigas, te sientes inferior a los demás. Hay muchas más, estas son unas cuantas.

Una de las palabras que más me encantaría que tuvieras a partir de ahora en tu boca es la de **YO PUEDO**, y lo más importante es tomar acción.

La importancia de salir de la zona de confort. No eres un árbol que no se puede mover, comienza, haz cada día algo nuevo, dúchate con agua fría, sonríe a esa persona que va por la calle y no conoces, baila en el coche cuando suene tu canción favorita, aunque estés sola.

Un día puse la radio y sonó una canción que me hizo ponerme a bailar. Iba conduciendo, cantando y bailando. Paré en un semáforo, noté que alguien me estaba mirando. Era un chico que iba en otro coche, me pitó y comenzó a bailar y a sonreír. Ese gesto que hice a la otra persona le ánimo. Nunca sabés, con solo un gesto puedes hacerle bien.

Otra vez iba por la calle y a cada persona que veía seria, le regalaba una sonrisa y me la devolvía. Esos detalles tan pequeños que no valen nada y muestran lo feliz que puedes hacer a alguien.

No postergues las cosas. Cuando tenga un coche, cuando tenga mi casa, cuando tenga trabajo, cuando tenga pareja…La vida es hoy, las cosas las tienes que hacer para ayer, hazlo porque hoy estas aquí y mañana no lo sabemos, no busques el momento perfecto, porque te aseguro que ese momento jamás llegará, siempre habrá algo. El momento es ahora.

Decide romper con esa rutina, esa frase de **es la vida que me tocó** y te conformas con ello. El papel de víctima es algo que no sale de categoría, creo que todos podríamos ganar un Oscar, es lo que nos ha enseñado a vivir el drama. ¿Cuántas veces te has dicho esa frase? Y cuánto daño te ha hecho y te sigue haciendo, el pasado es pasado, pero ahora tú tienes la elección de elegir lo que quieres porque ya eres consciente.

Puedes modificar cambiar el guion de tu vida, si estás con alguien que ya no amas déjalo, no estas siendo feliz, si te has enamorado de otra persona en el corazón nadie puede mandar, no sientas que eso no está bien es tu vida, habla, habla y habla; escúchate, escucha lo que dice tu cuerpo, tu corazón, tu alma, pero no temas encontrar la felicidad. Claro que va a doler, claro que tendrás la sensación de caerte a un abismo donde no hay nada abajo.

Diles a tus padres que estás enamorada de una persona de tu mismo sexo, a tu marido, a tu mujer, a tus hijos, no lo comprenderán en el momento, pero con el tiempo lo harán; cuando tú te aceptes, te respetes, te ames, te cuides, seas honesta, seas congruente contigo misma. No te escondas, sé fiel a tus principios, es la única manera de liberarte. Busca la mejor forma de contárselos a los que amas. Esto es un ejemplo que lo puedes aplicar a todo, en el trabajo si te sientes mal y no te gusta, busca lo que te haga estar bien, quizás tu sueño sea montarte una academia de baile…

Déjame que te cuente algo: ¿te ha ocurrido que se te ha repetido las historias con otras personas, trabajos, ciudades? Por mucho que cambiemos de pareja, de lugar de trabajo, de ciudad, sino sabes lo que quieres, seguirá pasando lo mismo, pero con diferentes escenarios.

Por eso al principio del libro te hablaba de la importancia de conocerse uno mismo. Esto vale para todas las áreas de tu vida. Cuando le dije a mi padre que me gustaban las mujeres se quedó blanco. Pensaba que le estaba tomando el pelo, le costó asimilarlo.

Hoy por hoy 15 años después lo acepta, pero no lo comprende, él ha sido criado en un sistema de creencia y lo tiene muy arraigado.

Para él fue un disgusto que su hija no compartiera vida con un hombre, pero es su vida y él tiene que entender que soy la misma persona, da igual la condición sexual que tenga. Y mi felicidad es lo primero para mí y después para los demás.

En el colegio me decían chicote, marimacho. En el momento que acepté lo que era, jamás en mi vida me han vuelto a decir nada de eso. Es más, si he ido de la mano de alguna chica jamás se han metido conmigo, ¿por qué?

Porque me acepto tal y como soy. Comprendí que si yo me aceptaba, nadie de fuera me podría hacer sentir mal. Porque era ya imposible que atrajera esas cosas. Cuando me acepté pues desapareció como arte de magia, recuerda que somos energía que atraemos lo que somos, si me da miedo algo lo atraigo hasta que lo aprenda. Vivimos en un mundo donde se manifiesta todo, depende de la vibración que tengas atraemos unas cosas u otras, somos energía.

¿Cuántas veces te han pasado cosas que has dicho esto ya me paso con esta persona? Y vuelve a repetirse, pero con personajes distintos. El universo, Dios o como quieras llamarle te va a estar haciendo repetir hasta que confirmes y reafirmes qué es lo que quieres. Como en el colegio cuando no te sabías la lección. Me encanta qué cachondo es el universo y qué sabio a la vez.

ELIJO AMAR A QUIEN YO QUIERA

ELIJO A DEJAR ATRÁS LA ANTIGUA VERSIÓN DE MI

MISMA Y SER DESDE AHORA MI MEJOR VERSIÓN

ELIJO AMARME A MI MISMA

ELIJO TENER UNA VIDA ESPECTACULAR

ELIJO SER FIEL A MIS SENTIMIENTOS

ELIJO RECONOCERME, AMARME Y RESPETARME

ELIJO EVOLUCIONAR Y CRECER

ELIJO HACERME RESPONSABLE DE MIS ACTOS

RESUMEN

No existe la culpa, es RESPONSABILIDAD.

La técnica de Ho´oponopono es una herramienta muy poderosa debes de ser consciente de ello y tiene unos beneficios a nivel de la palabra, pensamiento.

-   REDUCE LOS NIVELES DE ESTRÉS Y ANSIEDAD
-   AYUDA A TENER MAS PAZ INTERIOR
-   LIBERA ENDORFINAS Y SEROTONINA

LO SIENTO, PERDONAME, GRACIAS, TE AMO

IV
CLASES DE MIEDOS

*"El miedo es natural en el prudente,
y el saberlo vencer es ser valiente".*

Alonso de Ercilla y Zúñiga

CLASES DE MIEDOS

El miedo es una emoción que sentimos todos los seres humanos ante una situación que consideramos peligrosa y que sirve para hacernos actuar de una determinada manera.

Más concretamente, cuando sentimos miedo se producen una serie de cambios químicos en nuestro organismo que nos empujan a evitar ese peligro ya sea huyendo, escondiéndonos o paralizándonos. Es importante que entiendas que tener miedo es normal. Se trata de un mecanismo natural que hemos desarrollado a lo largo de millones de años para asegurar nuestra supervivencia.

El problema está cuando sentimos miedo ante algo que realmente no supone una amenaza y ese miedo no nos deja hacer lo que queremos hacer. Voy a explicarte cuáles son los miedos más comunes que nos surgen cuando queremos cambiar de vida y cómo lidiar con ellos.

MIEDO A DECEPCIONAR A TUS PADRES

Desde que naciste, tus padres tienen una serie de expectativas sobre cómo debería ser tu vida. Sí las has ido cumpliendo, lo más seguro es que ahora mismo se sientan orgullosos de ti.

¿Qué pasa cuando quieres cambiar? Y no seguir sus pasos en profesión, en el amor, en los estudios, eso hace que tengas miedo y que sientas que los estás decepcionando y te consideren mal hijo. Es bonito agradar a tus padres, pero tienes que entender que tú eres tú y ellos son ellos. Es normal que os gusten cosas diferentes y os comportéis de distinta forma ante una misma situación.

El problema son las expectativas que tus padres tienen de ti, quieren que seas de una determinada manera, pero ¿qué pasa con lo que tú quieres?

Hay dos formas de solucionar esto, la primera es cediendo y hacer lo que ellos quieren y la segunda cediendo ellos y aceptando que eres una persona independiente y que ellos vivieron sus vidas y que ahora te toca a ti vivir la tuya.

La primera dejas de hacer lo que a ti te hace feliz, para que ellos lo sean y eso no tiene ningún sentido. Por lo tanto, lo mejor es hacer lo que te haga feliz, estar con la persona que ames, estar en el trabajo que quieras, trabajar en lo que te guste, emprender, ser tú.

Que fácil lo ves, verdad Ana, estarás pensando. Fácil no es, tienes que ser consecuente con lo que haces y dices, todo te lleva a tomar una decisión y elegir lo que sientas con las consecuencias. Es tu vida, seguramente te equivocarás muchas veces, cometerás errores; te aseguro que se aprende de ellos, eso es la vida, desaprender para volver aprender. Puede pasar que cuando le cuentes a tus padres lo que vas a hacer dejarán de hablarte un tiempo o pienses que dejarán de hablarte para siempre, esto casi nunca suele pasar.

Puede que les cueste entenderlo como al mío le costó entender mi sexualidad, es normal al principio, pero si explicas con calma lo que quieres hacer, por qué vas a hacerlo y te ven que eres feliz después de ver ese cambio serán los primeros en apoyarte.

Busca siempre el momento oportuno, no les cuentes tus cosas, cuando estén en un momento de estrés, en algún momento de que haya algún problema, espérate que las cosas estén calmadas para decirle lo que te pasa.

Somos libres de trazar nuestro propio camino, de equivocarnos, de fracasar, de levantarnos después de caernos. Eres libre de perseguir tus sueños, libre de no rendirte, de tomar la decisión que sientas que es la correcta, aunque pueda que te equivoques. De vivir tu propia vida sin que seas juzgado, eres merecedor de cumplir tus sueños, de evitar ese sufrimiento, libre de amar a quien deseas, a dejar ese trabajo que te crea ansiedad, no dejes que nadie te diga lo que tienes que hacer, que piensen por ti.

TÚ ERES QUIEN TIENE EL PODER DE DECIDIR TUS PROPIAS REGLAS.

Otro de los miedos también importante es el **miedo al qué dirán**. Somos seres sociales, necesitamos a los demás para sobrevivir, por eso nos preocupa tanto la opinión de los demás cuando queremos hacer un cambio de vida, por el miedo a que nos rechacen, por el miedo a que dirán, miedo a quedarte sola…

Si quieres hacer un cambio en tu vida, separarte de esa relación de pareja, cambiar de trabajo, irte a otra ciudad, estar con una persona mayor que tú o menor a ti, ese cambio afecta a la relación que tienes con la gente, te criticarán, otros verán que no tienen nada en común y vuestra amistad cada vez será más fría.

Y es que cambiar uno mismo, conocerse, respetarse y amarse no lo sabe hacer todo el mundo. Te envidiarán y está bien, así es como se sienten ellos, es su problema y se lo tendrán que gestionar. Lo positivo es que conocerás personas que estén en tu onda, con tus mismos valores, así que estate tranquilo que no te quedarás solo.

Los que quieran permanecer y ser parte de tu vida tendrán que aceptarte y si de verdad quieres crear una vida tendrás que aceptar la situación.

MIEDO A LA LIBERTAD.

Este me tocó a mí de lleno, tomar mis propias decisiones, ser libre de amar a quien quiera, como quiera y donde quiera. Lo que me daba miedo es esa libertad, porque viene a acompañada con una gran responsabilidad.

Como te dije anteriormente, cuando eliges lo que haces con tu vida, te conviertes en el único responsable de ella: no vale culpabilizar a nadie, si algo sale mal no puedes esconderte.

MIEDO DE NO ESTAR A LA ALTURA,

Más conocido como el síndrome del impostor. Te exiges demasiado, cualquier fallo por pequeño que sea lo ves un mundo y no hacerlo perfecto te lleva a que vas a quedar mal, te infravaloras y piensas que todos los son mejor que tú.

Tienes que darte cuenta de que equivocarse y no ser perfecto es normal. Que los demás han pasado por lo mismo que tú, los mismos retos, las mismas angustias, las mismas exigencias, que las personas que admiras hasta llegar a que les admirasen han tenido que pasar sus propio caos y desierto particular exactamente igual que tú.

Sé honesto contigo mismo cuando hables de tus conocimientos y habilidades. La primera vez que fui a la radio tuve que ser honesta y decirles que jamás había grabado una cuña, que no sabía cómo se hacía. Así no hice que ellos crearan unas expectativas de generarles que podían contar conmigo y que lo haría bien. Me tenían que enseñar de qué manera les gustaba a ellos, no oculte esa información.

EL MIEDO A NO SER SUFICIENTE

Es el miedo de todos los miedos, es en la actualidad el mayor conflicto interno, la sensación de no ser merecedores y de no ser suficientes.

¿Has tenido la sensación de que nunca llegas a ser suficiente? ¿Cuándo te dicen que has hecho algo bien te lo cuestionas?

Llevo todo el libro hablándote de lo mismo, de la autoestima, de tus inseguridades, parece que hoy en día valorarse, creer en ti, saber quién eres, saber lo que quieres no está bien visto y te llaman que eres prepotente, que es un signo de arrogancia y para que no piensen eso de nosotros acabamos en no creer en nosotros y no brillar.

Para superarlos tenemos que identificarlos y desde ahí podremos encontrar la raíz del problema, **las comparaciones son odiosas,** ¿te suena ese dicho?

Cuando nos comparamos con los demás, siempre vemos lo mejor de ellos y lo peor de nosotros. Tú tienes las mismas capacidades que ellos, que destaquen en alguna cualidad no te hace que tú seas menos, porque tú destacarás en otra que esa persona no tiene. No te compares con nadie. Los complejos físicos, el ser más guapo o menos guapo, delgado o gordo, más atractivo menos atractivo, esto nos da lugar a pensar que no somos dignos de ser amados. Para trabajar ese pensamiento hay que valorarse, amarse y quererse tal cual como uno es.

Has visto alguna vez una pareja que no pega para nada, que ella es alta y él bajito, que ella es super guapa y la otra es menos guapa, y piensas: ¿cómo es posible que estas dos personas puedan estar juntas?

Mira, no me considero guapa, me considero normalita, pues una de las personas que estuve para mí era una belleza, con un cuerpazo, unos ojazos, no pensé que estaría conmigo, ni que se fijaría en mí. Estaba tan segura de que me gustaba y que íbamos a tener algo que así fue, no era el prototipo de chica que buscaba. Todo comenzó como un juego y estuvimos juntas bastantes años. Una de las cosas que hizo que eso terminara, que ella ni si quiera creo que sabe, no recuerdo si se lo conté, fue que comencé a sentirme que no era suficiente, que no comprendía cómo una persona así de guapa, simpática, inteligente, cariñosa, detallista, centrada, tenía claro lo que quería en la vida, trabajadora, responsable, podría estar con cualquiera me había elegido a mí que no le podía aportar nada.

Cada día comencé a creer que no era suficiente para ella, que estaba conmigo por aprovecharse de mí, de que se podría aprovechar de mí si yo ni siquiera tenía una casa cosa que ella si tenía. Ella era ahorradora yo quemaba mi dinero, me gastaba más de lo que cobraba, que solo estaba por no estar sola, puf, muchas teorías que no eran ciertas y que solo estaban en mi imaginación y ya podéis imaginar como acabo la historia pues cada una por su lado.

Se cansó de estar con una niña caprichosa que no valoraba nada, que siempre necesitaba más, celosa por mis inseguridades, agobiante, solo quería saber dónde estaba, con quién. Eso sucedió en los últimos dos años de relación de casi cinco que estuvimos.

Mi inseguridad nos llevó a que ella dejara de estar enamorada de mí. Me sentía tan inferior a ella que buscaba discutir, buscaba llamarle la atención con peleas yéndome de casa cada dos por tres. Para que demostrara que quería estar conmigo no dormía con ella cuando peleábamos, cosas que desde un primer momento no hacía, porque era coherente conmigo misma, siempre hablé con ella que aunque discutiéramos dormiríamos siempre juntas y eso como sabía que le hacía daño pues lo hacía cada vez más y más.

Existen muchos cuentos relacionados con este tema: no ser suficiente, sentirte inferior, a mi uno de los que más me ha servido es "El verdadero valor del anillo" de Jorge Bucay.

EL VERDADERO VALOR DEL ANILLO

Un joven concurrió a un sabio en busca de ayuda.

– Vengo, maestro, porque me siento tan poca cosa que no tengo fuerzas para hacer nada. Me dicen que no sirvo, que no hago nada bien, que soy torpe y bastante tonto. ¿Cómo puedo mejorar maestro? ¿Qué puedo hacer para que me valoren más?

El maestro, sin mirarlo, le dijo: ¡Cuánto lo siento muchacho, no puedo ayudarte, debo resolver primero mis propios problemas! Quizás después… Si quisieras ayudarme tú a mí, yo podría resolver este tema con más rapidez y después tal vez te pueda ayudar.

– E… encantado, maestro –titubeó el joven, pero sintió que otra vez era desvalorizado y sus necesidades postergadas–. Bien –asintió el maestro. Se quitó un anillo que llevaba en el dedo pequeño de la mano izquierda y dándoselo al muchacho agregó: Toma el caballo que está allí afuera y cabalga hasta el mercado. Debo vender este anillo para pagar una deuda. Es necesario que obtengas por él la mayor suma posible, pero no aceptes menos de una moneda de oro. Vete y regresa con esa moneda lo más rápido que puedas.

El joven tomó el anillo y partió. Apenas llegó, empezó a ofrecer el anillo a los mercaderes. Estos lo miraban con algún interés hasta que el joven decía lo que pretendía por el anillo.

Cuando pienses que no eres suficiente recuerda esto:

El miedo tiene que ser el motivo para hacer las cosas, no la excusa para no hacerlas. Tienes que enfrentarte a lo que tienes miedo para conquistarte a ti mismo.

De vivir tu propia vida sin que seas juzgado, eres merecedor de cumplir tus sueños de evitar ese sufrimiento, libre de amar a quien deseas, a dejar ese trabajo que te crea ansiedad, no dejes que nadie te diga lo que tienes que hacer, que piensen por ti.

Tú eres quien tiene el poder de decidir de tener tus propias reglas._De ponerte el valor, de valorarte y ser. Ya me has leído en varias ocasiones esto que te voy a volver a decir, pero es algo que quiero que lo recuerdes todos los días de tu vida, en cada momento, en cada instante que sientas que no vales nada, que tu vida es una mierda, que no sabes qué hacer y para qué estás aquí. Tú eres **ÚNICO E IRREPETIBLE**, no hay nadie en el mundo que sea como tú, eres un Ser **espectacular**, **grande**, **inmenso** y tienes todos mis respetos, te amo, aunque no te conozca, siento esa energía tan poderosa que tienes dentro de ti, porque todos somos uno conectados por el universo, Dios o como quieras llamarle.

Sigue haciéndolo así de bien, sigue creciendo, sigue conociendo tus límites y hazlos ilimitados. Estas haciendo un buen trabajo.

Recuerdas que estabas leyendo el cuento del valor del anillo, la importancia de valorarte y el poder de creer en ti, pues continúa de esta manera.

Cuando el joven mencionaba la moneda de oro, algunos reían, otros le daban vuelta la cara y sólo un viejito fue tan amable como para tomarse la molestia de explicarle que una moneda de oro era muy valiosa para entregarla a cambio de un anillo.

En afán de ayudar, alguien le ofreció una moneda de plata y un cacharro de cobre, pero el joven tenía instrucciones de no aceptar menos de una moneda de oro, así que rechazó la oferta. Después de ofrecer su joya a toda persona que se cruzaba en el mercado -más de cien personas- y abatido por su fracaso, montó su caballo y regresó. ¡Cuánto hubiese deseado el joven tener él mismo esa moneda de oro! Podría habérsela entregado al maestro para liberarlo de su preocupación y recibir entonces su consejo y su ayuda.

–Maestro –dijo– lo siento, no es posible conseguir lo que me pediste.

Quizás pudiera conseguir 2 o 3 monedas de plata, pero no creo que yo pueda engañar a nadie respecto del verdadero valor del anillo.

–¡Qué importante lo que dijiste, joven amigo!–contestó sonriente el maestro–. Debemos saber primero el verdadero valor del anillo. Vuelve a montar y vete al joyero. ¿Quién mejor que él para saberlo? Dile que quisieras vender el anillo y pregúntale cuánto da por él. Pero no importa lo que ofrezca, no se lo vendas. Vuelve aquí con mi anillo.

El joven volvió a cabalgar. El joyero examinó el anillo a la luz del candil, lo miró con su lupa, lo pesó y luego le dijo: – Dile al maestro, muchacho, que, si lo quiere vender ya, no puedo darle más que 58 monedas de oro por su anillo. –¿58 monedas? –exclamó el joven.

–Sí,–replicó el joyero–. Yo sé que con tiempo podríamos obtener por él cerca de 70 monedas, pero no sé... Si la venta es urgente... El joven corrió emocionado a casa del maestro a contarle lo sucedido.

–Siéntate –dijo el maestro después de escucharlo. Tú eres como este anillo: una joya única y valiosa. Y como tal, sólo puede evaluarte verdaderamente un experto. ¿Qué haces por la vida pretendiendo que cualquiera descubra tu verdadero valor?

Y diciendo esto, volvió a ponerse el anillo en el dedo pequeño de su mano izquierda.

63

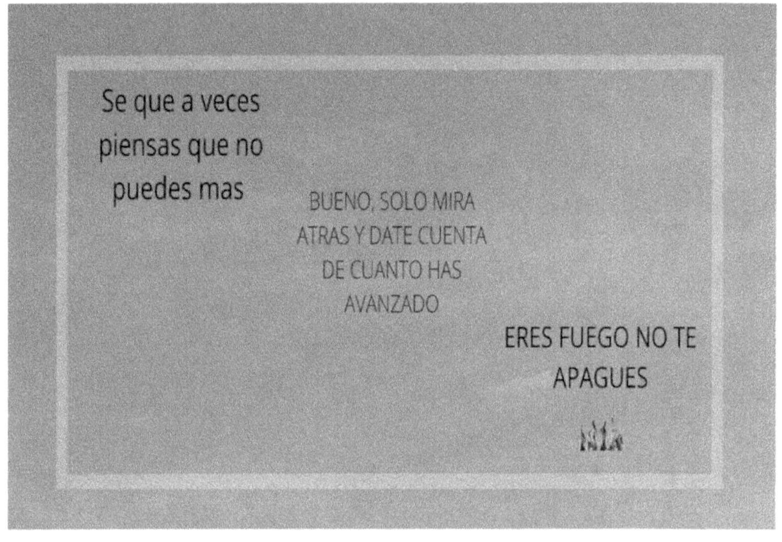
Se que a veces
piensas que no
puedes mas
BUENO, SOLO MIRA
ATRAS Y DATE CUENTA
DE CUANTO HAS
AVANZADO
ERES FUEGO NO TE
APAGUES

Eres tú quien, a través de tus pensamientos y de tus exigencias, está arruinando tu bienestar y quien te está intentando convencer de que debes odiarte.

Entonces, **debes pasar a mirarte más allá del espejo**, a comprometerte contigo y a dejar de torturarte. No son tus arrugas, tus kilos, tu falta de curvas ni tu celulitis los que te definen. Tú eres una persona que se compone de lo que siente, de lo que hace y de lo que piensa.

Pero **solo estarás a salvo contigo si cuando te miras al espejo dejas de regañarte** por cada detalle, si dejas de castigarte y comienzas a crear una atmósfera de aceptación, de amor hacia tu interior y hacia tu cuerpo.

No puedes desligarte ni humillarte. La perfección no tiene sentido si a partir de ella tenemos que sufrir con el único objetivo de ser todos iguales. Por eso **es hora de apostar por la "imperfección", por las diferencias,** por ser uno mismo.

De ti depende que le permitas a tu reflejo en el espejo lastimarte. Tu valía depende de ti, no de tener más o menos curvas y unas arrugas más o menos marcadas.

ENFOCATE EN LO POSITIVO

¿Sabes lo que es la epigenética? La epigenética es una ciencia solida que demuestra que los estados emocionales de las personas movilizan ciertas hormonas y moléculas de la emoción que interactúan con la membrana de la célula, tienen acceso al material genético y hacen que unos genes se queden dormidos y otros despierten.

Nosotros podemos generar entre 500 y 1000 neuronas de células madre al día, quiere decir que cuando nosotros estamos buscando el lado positivo de la vida sin negar que hay un lado muy duro, doloroso estamos cambiando la estructura física del proceso.

Esto es lo que dice el doctor Mario Alonso Puig, me gustaría que vieras este video.

Que interesante lo que nos cuenta en este video el Doctor Mario Alonso, sobre cómo podemos cambiar desde nuestro interior.

Hay personas que viven en un mundo de oportunidad y no niegan la realidad de los problemas, se enfocan en buscar la solución y lo más probable que la encuentren y otras viven en un mundo de amenaza. La persona que es positiva no quiere decir que tenga una vida fácil, lo que tiene fácil es la actitud a cómo se enfrenta a la vida y sus problemas, ponen su intención en buscar soluciones, crecer y superarse.

Son personas realistas, las cosas no las ven de color rosa porque eso no es real, tienen sus retos personales, sus inconvenientes, aún a pesar de ello buscan la forma de sacar el lado positivo de cada situación para solucionarlo, al menos lo que está en su mano y sea posible.

La imagen que tiene sobre él es de confianza, de intentar conseguir todo lo que desea, no quiere decir que lo vaya a conseguir, pero no se va a rendir con facilidad. Tiene claro que van a lograr todo lo que quiera por eso suele plantearse objetivos, retos a conseguir.

Aceptan sus errores, no se justifica ni culpa a los demás. Solo admiten y aprenden de ellos, siendo honestos con ellos mismos.

Las críticas negativas que no son constructivas, no les importan, se conocen muy bien y saben cuáles son sus cualidades virtudes por lo que no tienen tiempo para escucharlas.

Ser optimista o positivo es algo que se puede conseguir. Hace tiempo me costaba buscar soluciones a mis problemas. Se me planteó hacer un programa de radio no tenía ni idea, tenía pavor de hablar no me veía capacitada aun así acepté el reto, el resultado fue qué duro menos de un mes el programa.

Antes de que siga con la historia déjame que te cuente algo. Quiero darte las gracias por ser compañero de este viaje tan sanador que para mí es una terapia y espero aportarte conocimiento.

He leído muchos libros de autores como Gandhi, Laín García Calvo, el cual te recomiendo, y me he formado con los mejores. Muchas horas he invertido en conocimiento, desarrollo personal, espiritual para llegar a estar escribiendo este libro. Gracias por ser y estar.

Te sigo contando la historia. Te preguntarás por qué duró menos de un mes: porque no me sentía capacitada. El programa en la radio tenía un espacio que se llamaba buen ambiente y se daban tips de desarrollo personal para ayudar a personas que se sienten atraídas por otras personas de su mismo sexo y se dieran cuenta que no estaban solas, que había muchas más personas igual que ellas.

En mi mente pensaba quién era yo para dar consejos, herramientas a nadie, que era una desconocida y que no podía ayudar. Poco a poco me fui creyendo esa idea que me limitaba, me había exigido tanto que me paralizaba el no hacerlo bien, que la gente supiera quién era Ana Cabello y me juzgarán y me criticarán.

Por lo tanto, lo que se hizo en ese programa que duraba 4 horas es que apareciera un personaje que era yo y con ese personaje las cosas funcionaban súper bien, vaya qué curioso. ¿Sabes por qué me pasaba eso? Me pasaba porque ya no era yo la que tenía que exponerse delante de los oyentes, sí no que era supuestamente otra persona y no era identificada como Ana Cabello, ya no tenía esa presión que yo misma me ponía, ni me creaba esa ansiedad e inseguridad.

Estuve cerca de 4 meses con ese personaje que realmente era parte de mí, la parte más cómica, esa parte que no tenía vergüenza al hablar de cualquier cosa y que le daba igual si la criticaban, si caía bien o caía mal, porque para mí era algo ficticio y nadie sabía cuál era mi verdadero nombre. De hecho se pensaban que esa persona existía de verdad.

Esto me dio la oportunidad de soltarme en el micrófono y encontrar una faceta de mí que ni siquiera sabía que existía. Descubrí que me encantaba la radio y comencé a estudiar televisión y locución. Aun llegando a la parte final del curso tuve que hacer prácticas en una radio de aquí de Valencia. Estoy agradecida con todos los oyentes y amigos que he conocido, me pusieron en la franja horaria dónde más audiencia había.

Al principio me pasó lo mismo. Me quedaba callada, no era capaz de hablar mucho, pero algo comenzó a cambiar dentro de mí: fueron las afirmaciones positivas y las visualizaciones, que las practicaba en otras áreas de mi vida y que era el momento de hacerlas, tomé acción empecé a visualizar que era en modo presente una persona conocida en la radio y me lo tomé como un juego.

Me quité toda la presión para que no se repitiera lo que antes te he contado. Esta vez aprendí la lección que la vida me ponía otra vez a prueba, comencé a confiar en mí. Un día haciendo unas cuñas publicitarias en mi casa hice un relato, lo compartí con quién era mi maestro le gustó y me dijo que lo hiciera una vez por semana para la radio, el impacto fue tal que los oyentes llamaban emocionados porque se veían reflejados en las reflexiones qué hacía.

De ahí pasó a que los mismos oyentes me propusieron que escribiera un libro que podría ayudar a muchas personas, esto es algo que llevaba pensando desde hace muchos años, pero jamás me atreví a tomar acción. Hasta que por fin estoy aquí. He escrito mi trilogía, tú eres uno de los que están leyéndolo y deseo de corazón que te esté ayudando a transformar tu vida, a creer en ella.

Por lo tanto, en todo este proceso lo que hice es valorar objetivamente el problema, confiar en mis recursos y enfrentarme a ese problema, actuar como alguien positivo y fingir que tenía esa cualidad. Me metí en ese papel como si fuera una actriz, la manera de pensar, de caminar, de hablar; la manera de actuar, fijarme las personas que ya lo habían logrado y a sus formas en las que le han llevado a ser el mejor en su área. Hice una visualización, le dije a mi cerebro que esto era real.

Fíjate lo que te voy a contar, para que comprendas cómo funciona el cerebro. Para el cerebro no entiende lo que es real o imaginario.

Con toda clase de detalles la situación y me puse en marcha para lograrlo te explico cómo lo hice, cómo lo hago de normal para conseguir lo que deseo y mis objetivos:

1. Saber lo que quiero conseguir
2. Visualizo. Imagino toda clase de detalles de la situación o el momento que conseguí mi éxito, un objeto...
3. ¿Cómo me veo?, ¿es una imagen o una película?, ¿soy la protagonista?, ¿hay personas a mi alrededor o estoy sola?, ¿escucho ruido o silencio?, ¿música el volumen esta alto o bajo?, los olores que hay, las sensaciones que percibo.

Toda clase de detalles, por ejemplo, con la radio esto es como lo visualicé para no bloquearme, le dije a mi cerebro que ya lo había conseguido, todas las mañanas antes de irme a la radio lo hacía y por las noches repetía lo mismo. Lo escribí en un papel, lo repetía tal cual.

En ese papel decía lo siguiente. Cuando me incorpore a la radio que es mi pasión. Recuerdo que el primer día en el estudio, los oyentes escuchando, el teléfono sonando que querían participar, las luces están encendidas, percibo un olor a café, siento nervios en el estómago, suena el relato que he hecho, cómo les ha gustado, se emocionan, me dicen que se sienten reflejados en lo que acaban de escuchar, etc.

Ahora el objetivo que quiero lograr; como seria besar a esa persona que me gusta. (Me pasó con la primera chica que besé, toda clase de detalles, donde, como...) así lo hice. Cuando ya he besado a esa chica. Mi recuerdo que es lo que en la otra página te he comentado y aplique estas características.

Estoy tomándome algo, hemos salido con más personas, lo estamos pasando super bien, hace una noche maravillosa, se acerca a mí, mirándome a los ojos, bailando cerca de mí, la música está fuerte hay muchas personas alrededor, siento como nos atraemos la una a la otra, me besa y me aparto porque no sé si me gusta. Por un segundo pienso que si no lo pruebo no se si eso será así, ella se aleja, la cojo de la mano y la beso yo, me doy cuenta que lo que siento es verdad, que me ha gustado, por fin sé que me siento bien...

Con este ejercicio visualicé un recuerdo real en mi cerebro y los resultados. Le hice pensar que era real y pasó tal cual te lo he contado.

Esto que te acabo de contar lo visualicé una y otra vez con una amiga, hablábamos día tras día, cómo sería el día en que llegara, cómo actuaría ante esa situación. Voy a matizar, no es solo visualizar, hay que tomar acción. Si quieres conseguir algo tendrás que actuar en consecuencia para que eso pueda pasar, que te lleven a ese lugar, quedar con esa persona, conocerla, salir con ella a tomar algo, seguir los pasos. Para que me comprendas mejor, por ejemplo, con una maratón.

Si quieres ganar una maratón, tendrás que primero prepararte, participar, si físicamente estás preparado y tu cerebro esta entrenado, ya ha vivido la experiencia, es más fácil que tengas éxito y que lo consigas.

Te he puesto varios ejemplos, el de la radio, como conseguir besar a esa persona para saber si me gustaban las mujeres y la del maratón. Y tengo muchísimas más. Toda acción tiene una reacción. En todo hay que buscar el equilibrio, ni ser excesivos en lo positivo ni ser excesivo en lo negativo.

Ahora me encantaría que hicieras este ejercicio.

Escribe en la página anterior
lo que ves en esta página.

Recuerda que cómo haces las cosas es cómo eres, si postergas esto seguirás siendo igual que siempre. Cambia tu actitud.

TE VOY A REVELAR EL EJERCICIO DEL PUNTO NEGRO.

Un día un profesor entró en el aula de la clase y les dijo a los alumnos que se prepararan para realizar un examen sorpresa. Los alumnos se sentaron en sus mesas intranquilos y un poco nerviosos del examen que les iban a poner. El profesor comenzó a repartir el examen con el texto hacia abajo.

Una vez entregados a todos los alumnos, pidió que diera la vuelta. No había ninguna pregunta, lo cual todos se sorprendieron. Solo había un punto negro en el centro del papel. El profesor, observando la cara de sorpresa que tenían todos, les dijo: Ahora vais a escribir un comentario sobre lo que estáis viendo. Todos los alumnos, confundidos, comenzaron el ejercicio.

Terminado el tiempo, el profesor recogió las hojas, se puso delante de la clase y comenzó a leer las reacciones de cada uno, en voz alta.

Todos los exámenes, sin excepción, definían el punto negro, intentando dar explicaciones de su presencia dentro de la hoja.

Cuando el profesor terminó de leer lo que los alumnos habían escrito. La clase estaba en silencio los alumnos estaban expectantes de saber de qué se trataba. El profesor comenzó a explicar: este examen no cuenta para nota; solo sirve de lección para todos. Nadie en la sala ha escrito sobre la hoja en blanco. Todos habéis centrado vuestra atención en el punto negro.

Aquel profesor hizo tomar conciencia del hecho frecuente de centrar la atención en la mota que tienen en los ojos los demás mientras olvidamos la viga que tenemos delante que nos impide ver lo que hay de bueno en la creación, en las personas. Hemos llegado al punto que la buena noticia en la radio, prensa, en la televisión, no nos llama la atención; estamos a la expectativa, a la caza de la mala noticia y es esta la que impacta.

Esto es lo que nos ocurre en nuestras vidas: en la vida de cada uno, en la vida de pareja, en la familia y en la sociedad.

Un mito griego quiso explicar por qué somos más propensos a ver los errores de los demás antes que los propias: la divinidad pagana había colocado sobre los hombros de los hombres una alforja que debían llevar sobre el pecho y a la espalda; en la alforja delantera llevaban los defectos ajenos y a la espalda los propios; por esta razón, ven más fácilmente los errores ajenos. De esta forma, entendemos por qué aquellos niños de relato centraron su reflexión sobre el punto negro y no sobra la hoja en blanco.

Esta actitud de centrarnos en el punto negro es muy frecuente: las parejas se reprochan sus defectos el uno al otro, olvidando las cualidades y virtudes del otro, los padres advierten a sus hijos de su mala conducta, pero pasan por alto lo bueno que hacen.

E. Villagrán resalta que *"muchas veces los padres de familia se dirigen a los hijos para mandarlos, para castigarlos, para llamarles la atención, para corregirlos, pero muy pocas veces o ninguna para alabarlos, felicitarlos, motivarlos, aplaudirlos, reconocer sus cualidades, aciertos, éxitos y progresos"*.

Y añade: *"se debe felicitar, incentivar, agradecer, alentar, motivar a los hijos para que se sientan contentos y dispuestos a seguir luchando por su propio provecho y perfeccionamiento. A los hijos les agrada mucho escuchar de sus padres palabras de cariño y de entusiasmo; esto les ayuda a valorar lo que hacen y a valorarse como personas"*.

¿A quién no le agrada recibir un elogio, unas palabras de estímulo? Reconocer lo mucho que hay de bueno en las personas es, en última instancia, un reconocimiento al Creador que ha distribuido sus perfecciones y talentos entre los hombres.

Todas las personas somos una página en blanco en la que debemos escribir nuestra propia historia, construida a base del desarrollo de los muchos talentos que Dios nos ha dado. Esta es nuestra gran responsabilidad, pero también nuestra mejor honra y satisfacción: hacer de la página en blanco un testimonio de la bondad que hay en nuestro ser.

Primero de todo darte las gracias, gracias y gracias.
Por formar parte de mi vida, sois mis bendiciones.
Gracias por ser y estar.
Ahora es el momento de las declaraciones
que las digas con firmeza.

ELIJO AMAR A QUIEN YO QUIERA

ELIJO A DEJAR ATRÁS LA ANTIGUA VERSIÓN DE MI

MISMA Y SER DESDE AHORA MI MEJOR VERSIÓN

ELIJO AMARME A MI MISMA

ELIJO TENER UNA VIDA ESPECTACULAR

ELIJO SER FIEL A MIS SENTIMIENTOS

ELIJO RECONOCERME, AMARME Y RESPETARME

ELIJO EVOLUCIONAR Y CRECER

ELIJO HACERME RESPONSABLE DE MIS ACTOS

<u>RESUMEN</u>

Recuerda que detrás del miedo esta el comienzo de algo nuevo y se esconden oportunidades.

- Miedo a decepcionar a tus padres
- Miedo al qué dirán
- Miedo a la libertad
- Miedo a no estar a la altura
- Miedo a no ser suficiente

Los miedos nos paralizan y nos limitan, sentir miedo es normal. A veces esos mismos miedos nos paralizan y pensamos en que puede pasar en un futuro cosas que la mayoría de las veces no son para tanto y que lo único que hacemos es agrandarlo.

Enfocarse en lo positivo, enfocarse dentro de uno mismo no fuera.

V
LOS ESPEJOS

Cuando creas que todo está perdido,
mírate a un espejo y verás que aún estás ahí.

Anónimo

Cuando comencé en el tema del desarrollo personal y espiritual no comprendía muy bien el tema de los espejos. Tenía mis propias conclusiones y decía que a veces eso no se reflejaba en mí del todo para unas cosas si y para otras cosas no.

Hoy en día lo entiendo perfectamente y soy consciente de la importancia que tiene en mi vida, como esta ley me hace observarme y comprenderme.

Lo que veo en los demás es lo que me quiero decir a mí misma. Es un poco lioso y más si jamás has escuchado y has leído sobre el tema, voy a intentar explicártelo.

ES UNA HERRAMIENTA SUPERPOTENTE

¿Estás preparado?, seguro que has dicho que sí, pero dilo un poco más alto que yo no te escuché. Ahora un poco mejor. Pero necesito que me lo digas con más fuerza que se entere todo el mundo. Repítelo. Ahora sí que sí.

SON CUATRO LEYES DE ESPEJO

1. **La primera ley del espejo**: todo lo que me molesta, me hace enfadar, quiera cambiar del otro, está dentro de mí.

2. **La segunda ley del espejo:** es todo lo que me haga el otro, me critique, me juzgue, si me molesta o me hace daño me toca trabajarlo a mí.

3. **La tercera ley del espejo**: si el otro me juzga, me critica, quiere cambiar cosas de mí y a mí no me afecta le pertenece a él, por lo tanto, tú ya has hecho un trabajo interior por lo cual lo tienes superado.

4. **La cuarta ley del espejo:** todo lo que me gusta del otro, lo que amo de esa persona, las cosas que les dices como qué buena persona es, qué grande eres, qué valores tenéis, qué capacidad de levantarte a pesar de los duros golpes de la vida, etc. también está dentro de mí, reconozco mis cualidades.

El mundo exterior actúa como un reflejo tuyo, reflejando tanto nuestra luz como nuestras sombras. Nos podemos beneficiar de una manera positiva, mejorando la calidad de nosotros mismos con los demás.

Tenemos que hacer que lo inconsciente se haga consciente encontrando el equilibrio. Un ejemplo personal mío: cuando aún no aceptaba que me gustaban las mujeres por ese bloqueo y el sistema de creencias que adquirí de la sociedad, el universo me ponía una y otra vez personas en mi camino para que me diera cuenta.

Las personas de mi trabajo me decían que fuese a sitios de ambiente donde había chicas y que probara. A mí eso me hacía sentirme incomoda, incluso rechazaba esa idea, me centraba en la ira, rabia. Me despertaba emociones desagradables, porque de alguna forma reflejaba algo de mí misma que no quería ver.

Hice lo inconsciente en lo consciente y después de muchos años, decidí escucharme, permití sanarlo y liberarlo. Alcanzando mis momentos de calma y serenidad.

No era nada externo, era algo interno. No eran los demás los que tenían que cambiar era yo la que tenía que aceptar quién era.

Aceptarme plenamente y dejar de sentirme víctima de las circunstancias, era yo quien tenía que cambiar esa realidad, adquiriendo esa responsabilidad que la vida me estaba dando.

Soy muy de escribir siempre he estado con un papel y un boli, escribiendo como me hacía sentir las cosas que me pasaban y esta terapia para mí siempre ha sido una herramienta que me ha ayudado a superar muchas cosas y romper barreras, encontrar mis sombras y tomar decisiones, sobre todo acción. Tú tienes que buscar la tuya la que te haga ser consciente de lo que te sucede. Quizás para ti sea cantar, bailar, contar chistes…

TE INVITO A QUE HAGAS ESTE EJERCICIO

Coge papel y boli, ahora piensa en un momento de algo que te haya sucedido y te ha hecho sentir mal, por ejemplo, una discusión con alguna persona.

Hazte esta pregunta: ¿Qué es lo que me quiere decir? Te hace sentir mal, ¿porque es todo lo contrario a como tú piensas y no lo soportas?, tienes que buscar el equilibrio y no ser tan exigente contigo mismo, no tenerlo todo contralado, ser más objetivo con tu persona.

Te comenté que en su día no entendía muy bien lo de la ley del espejo, para unas cosas sí y para otras cosas no me sentía para nada reflejada, voy a intentar explicártelo mejor.

Las personas reflejan algo que está dentro de nosotros que no queremos ver o aceptar esta es una, la siguiente es lo que nos molesta de alguien nos refleja lo contrario de cómo somos. Aquí voy a ponerte un ejemplo muy simple, vas a un sitio a tomar algo y el camarero te habla mal, sin educación, y como tú no eres así pues te molesta, la cuestión es no llevártelo a lo personal ya que es algo suyo, no tuyo.

Y por último es cuando hacemos lo mismo a otras personas que nos han hecho sin darnos ni cuenta. Aquí podría decirte, por ejemplo, cuando en el trabajo te alzan la voz y te sienta mal, pero es que resulta que tú en tu casa has llegado un día que has hecho lo mismo.

Te has dado cuenta como la ley del espejo es algo impresionante, recuerda que tú a ti misma no te puedes ver, por lo tanto, tenemos que vernos reflejados en el otro.

Espero que te haya parecido importante.

Ahora vamos a hablar de como respetarte y la importancia de ello.

¿Me sigues? Pues nos adentramos en el respeto.

Antes de seguir y hablarte del respeto, autorrespeto, valorarme, de las creencias que te limitan, el poder de la palabra. Te cuento un pequeño secreto la importancia de premiarse.

Premiarse a uno mismo es algo que no solemos tomar en cuenta, has llegado hasta aquí, has hecho ejercicios, te invito a que cada vez que hagas algo bien te premies. Coge cita para que te den un masaje, cómprate algo que te haga realmente falta que lo pospones, vete a cenar al sitio que te guste, un libro, el perfume, etc. lo que sea que te haga sentir bien. Porque te lo mereces y estás haciendo un buen trabajo. Los pequeños logros cotidianos, que son cuando salimos de nuestra zona de confort, alcanzamos una meta que parecía muy lejana o superamos un desafío.

Celebra tus logros, te invito a que compres tu diario de logros, esto lo hice para mí, lo estuve probando y ahora lo comparto contigo. Me ayudo a recordar los logros que ya he superado, ver con claridad que tipos de eventos me hacen feliz, como me supero y he superado retos, como he salido de mi zona de confort. Hablaré en los próximos libros de crear hábitos de éxito para alcanzar metas.

Darte las Gracias, gracias y gracias. Por seguir leyendo y creciendo. Por formar parte de mi vida, sois mis bendiciones.Gracias por ser y estar. Ahora es el momento de las declaraciones que las digas con firmeza.

ELIJO AMAR A QUIEN YO QUIERA
ELIJO A DEJAR ATRÁS LA ANTIGUA VERSIÓN
DE MI MISMA Y SER DESDE AHORA MÍ MEJOR
VERSIÓN
ELIJO AMARME A MI MISMA
ELIJO TENER UNA VIDA ESPECTACULAR
ELIJO SER FIEL A MIS SENTIMIENTOS
ELIJO RECONOCERME, AMARME Y RESPETARME
ELIJO EVOLUCIONAR Y CRECER
ELIJO HACERME RESPONSABLE DE MIS ACTOS

RESUMEN

La ley del espejo es muy compleja y nos hace ver lo que somos, lo que esta dentro de nosotros, lo que nos molesta del otro…

Nos enseña a tener mucha humildad y hacer un trabajo interior muy pero muy profundo para nuestro crecimiento personal y espiritual.

SEGUNDA PARTE: RESPETARTE

VI
ME VALORO Y ME RECONOZCO

"No puedo concebir una mayor pérdida que la pérdida del respeto hacia uno mismo".

Gandhi

Como te dije, el respeto es muy importante para que desde fuera te puedan respetar y respetarte a ti mismo, los límites de cada uno, ser honesto y coherente con lo que dices piensas y haces. Así es cómo tienes una buena base.

Hace años leí esto que te voy a decir y me hizo reflexionar. El respeto propio es un proceso de autoconocimiento, autoaceptación más allá de nuestras limitaciones y errores. Tienes derecho de tener una actitud positiva, el respeto es la base de todas las relaciones sanas, sin él la convivencia sería imposible.

"Amate, respétate no te compares con nadie eso será el mayor respeto hacia ti mismo".

Ana Cabello

Tenemos los mismos derechos que los demás, es saber, reconocer que somos dignos de ser amados, tratarnos con compasión, como lo haríamos hacia otra persona a la que para ti es digna de respeto.

Cuando fallamos en cosas, cuando creas un nivel de expectativa sobre ti mismo, cuando nos ponemos etiquetas y esas etiquetas se convierten en creencias limitantes que nos hacen sentir mal.

Somos muy duros con nosotros mismos, nos machacamos continuamente nos criticamos en vez de hablarnos con compasión amor y dulzura.

La creencia de pensar que somos menos que los demás, que no somos merecedores por lo que no reclamamos nuestros derechos y dejamos que nos traten mal, que nos pisoteen.

Cuando algo nos causa malestar por miedo, nos quedamos callados por no ofender a los demás. Quien aprende a respetarse a sí mismo y a los demás es capaz de obtener una vida más plena.

"Respétate a ti mismo y otros te respetaran".

Confucio

EL AUTORRESPETO

Auto es un prefijo que significa que viene de sí mismo. Para alcanzar la plenitud tienes que ser fiel a ti mismo con tus pensamientos y sentimientos. Es la aprobación hacia ti mismo y aceptación sin juicios es anteponer nuestras propias necesidades, tener una estabilidad.

Una de las más frecuentes de que no nos tenemos respeto hacia nosotros es cuando alguien nos pide un favor y no sabemos decir que no y anteponemos nuestras cosas por los demás.

Un ejemplo si tienes tu rutina de irte a andar y es tu prioridad y llega un amigo y te dice que te vayas a tomar con él un café cuando en ese momento te estás preparando para irte a andar. Dejar de hacer tus cosas es no respetarte, es muy importante saber decir no, y contestarle si te parece lo dejamos para más tarde o para otro momento en que podamos los dos. Tus cosas son igual de importantes que la de los demás, por lo tanto, sé lo primero en tu vida. Esto no quiere decir que le quieras menos es saber poner los límites respetar tu tiempo y tampoco es ser egoísta.

Recuerdas que te hablé de que durante años miraba fuera de mí, que ni siquiera me conocía, que no sabía que me gustaban las mujeres pues he sido presa de mis propios sentimientos y emociones de ser una gran desconocida para mí misma. Ahora cada día me reconozco, aprendo a estar más tiempo conmigo, sé que puedo con todo, que no hay limitaciones. Que puedo y debo descubrir cada poro de mi cuerpo.

Quiero conocerme más de lo que me conozco cada día, me pongo pruebas diarias, salgo de mi zona de confort, digo **no** si tengo que decirlo y te voy a contar algo me cuesta mucho, pero sé que en ocasiones lo tengo que hacer.

Cada vez rompo creencias limitantes que me hacen vivir con menos peso en la espalda, no suelo hacer mucho caso a las críticas de fuera por lo que te comenté de la ley del espejo, evidentemente que hay cosas que me duelen y me hacen daño, esas son las que me tengo que trabajar, las que no me afectan sé que las tengo resueltas, sanadas, aprendidas.

El miedo que nos causa hacer daño a la otra persona, pero **¿sabemos realmente qué es lo que le puede causar daño a esa persona?** Quizás eso que le tengas que decir es algo que para esa persona la pueda ayudar o servir de alguna manera y le estamos ocultando una información. A veces eso termina teniendo una consecuencia que muchas veces no hemos querido tener en cuenta.

He aprendido que mis actitudes a veces no son las correctas y que suelo hacer daño a las personas. Por supuesto tú me harás daño y nos haremos daño. Esa es la condición misma de la existencia.

"Llegar a ser primavera significa aceptar el riesgo del invierno. Para llegar a ser presencia significa aceptar el riesgo de la ausencia".

El Principito

La única responsable de cómo te sientes eres tú, no depende de ti como la otra persona se sienta, nuestros actos y palabras no tienen ese poder. Cuando alguien te insulta, tenemos dos opciones que nos afecten o que nos dé igual.

Somos responsable de lo que sintamos, son interpretaciones quedarnos con lo que nos ha pasado, dicho o nos han hecho. Se suele culpar siempre fuera, como te dije anteriormente la culpa no debería existir en el diccionario, todo es responsabilidad.

-Tú me has hecho daño

-Esto no me lo esperaba de ti, qué desengaño

-Tus palabras me han hecho sentir triste.

¿Te suenan de algo? Esas emociones y sentimientos nos la generamos nosotros mismos, nos escudamos detrás de esas palabras, nos protegemos de unas consecuencias que no queremos asumir para evitar sentirnos mal, culpables. Lo peor que podemos hacerle a una persona que queremos es no darle la posibilidad de que ellos elijan su actitud de cómo enfrentarse a sus sentimientos y emociones. Solemos ir de salvadores de los demás y no sabemos que solo queremos salvarnos a nosotros mismos de nuestros miedos.

Cuando dices que prefieres terminar la relación con tu pareja para que no sufra, que es lo mejor para ella, que no le quieres hacer daño, en realidad estamos hablando de que no quiero hacerme daño a mí mismo. Es más fácil no ser honesto contigo mismo, mentirte, no decirte la verdad, esto es inconsciente. Se disparan las alarmas y evitamos que se sepa la verdad. Nos sentimos mal de cómo la otra persona se siente, recuerda no es tu responsabilidad, sé consciente que esto no es así, libérate de esa carga.

"Sí sufres es por ti, si te sientes feliz es por ti. Nadie más es responsable de cómo te sientes, solo tú y nadie más que tú. Tú eres el infierno y el cielo también".

Osho

Desde bien pequeños nos enseñan que debemos tratar a las personas con respeto, pero no nos enseñan cómo respetarnos a nosotros mismos, esos valores que son tan importantes para nuestro crecimiento.

La importancia de atender nuestras propias necesidades, de saber gestionar los sentimientos y emociones sin hacernos daño a nosotros, sin sentirnos responsables.

Siempre solemos pensar en los demás, en no hacerles daño, estar para ellos y **¿qué pasa con nosotros?** Nos solemos poner en último lugar y darnos la espalda. **¿Qué es lo que tú necesitas?**, ¿te lo has preguntado alguna vez?

Estudias una carrera porque tus padres dicen que lo hagas, tienes hijos porque a tu pareja le hace ilusión, te casas con esa persona, aunque ya no sea lo mismo porque llevas muchos años con ella, vives una vida que no es la tuya, antepones tus prioridades por el que dirán, no te separas de tu pareja para que tus hijos no sufran y así podría hacerte una lista interminable. Solo porque piensas que es lo que toca y lo que crees que esperan de ti.

Si de bien pequeños nos hubieran educado diciendo que tener respeto hacia uno mismo nos crea seguridad, nos hace ser mejores personas, nos dan unos valores en la vida, nos aumenta las habilidades. ¿Cómo sería tu vida ahora? Saca tu propia conclusión.

La carencia en habilidades sociales en la inteligencia emocional se puede entrenar, se trata de poder relacionarte en un mismo plano de igualdad con las personas que te rodean.

Cuando te tratan de manera humillante, te faltan de respeto, si no tienes esa capacidad de decirle al otro de manera asertiva que te está tratando mal y que no te gusta cómo te está tratando, seguramente te sientas mal.

CLASES DE HABILIDADES SOCIALES

Está la **conducta agresiva.** Es una persona poco digna de respeto porque nadie quiere relacionarse con alguien autoritario, que te dice las cosas de malas maneras y que te hace sufrir.

Está **el asertivo** que es la persona que te dice con educación que lo que le has dicho le ha sentado mal con respeto.

Luego está **el sumiso,** el que no sabe cómo defenderse, les cuesta hablar en público, se les ve como personas hipócritas que son aquellas que siempre dicen cosas con tal de agradar, pero no saben ponerse en su lugar y no saben defenderse ni hacerse respetar.

No saber poner los límites de lo que no quiero tolerar en mi vida; hay que saber la diferencia entre los límites y el egoísmo. Los limites son aquellas cosas que tú te pones para estar bien y a gusto y cuando la gente los cruza a ti te hace sentir mal.

Poner límites si te faltan el respeto, tenemos que protegernos de las agresiones. Decir hasta aquí, lo que te gusta y lo que te disgusta.

Aceptarte, valorarte y no compararte. Si nosotros no nos valoramos ni nos respetamos tampoco lo van a hacer los demás. Las personas tienen que hablarse de manera positiva a sí mismos, tienen que aprender que aportan tanto a su persona, como al trabajo, como a los demás.

Nube era un poni de color caramelo y de crines blancas. Como todos los de su especie era bajito y tenía unas patas rechonchas. Vivía a las afueras de la ciudad, en una granja junto a Pirata, otro poni de color negro y crines grises.

Nube y Pirata eran felices: sus dueños los querían, sus cuadras estaban limpias y tenían suficiente heno. Además, podían trotar y galopar por el prado siempre que les apetecía.

Los niños de la ciudad solían ir a la granja para aprender a montar al caballo. Sus primeras clases empezaban siempre a lomos de Nube o de Pirata.

Una mañana, unos amigos de los dueños, trajeron un caballo de carreras, que iba a una competición. Se llamaba Relámpago. Era precioso, un auténtico purasangre, todo negro y con el pelaje del mismo color.

Cuando Nube lo vio, se quedó asombrado. Relámpago galopaba con mucho estilo y agilidad. El sol se reflejaba en él, haciéndolo todavía más bonito.

Cuando los dos caballos coincidieron en las cuadras, Nube le dijo a Relámpago:

—Ojalá yo fuera así: con tu porte, tu elegancia, tu belleza…

Relámpago le contestó:

—Amigo, no quieras ser como yo.

Si tu continuamente estás hablando de ti en términos negativos así va a ser la forma que te van a percibir y sobre todo no te compares, solemos compararnos con los demás y siempre nos comparamos con las carencias **"ya sí, pero es que yo"**, fíjate a ver que tienes tú de positivo para ofrecer a los demás.

Nos generan respeto aquellas personas que tienen seguridad, confianza, que saben expresarse, que saben lo que tienen y lo que quieren, que saben que pueden contribuir en todas las áreas de su vida, tanto en relaciones personales como en relaciones de amistad, pareja, trabajo.

Ser contigo coherente a tus valores y principios. Cuando alguien dice algo y después hace otra cosa genera una decepción porque ha creado una falsa expectativa. La coherencia es la relación entre cómo te comportas y lo que piensas y dices.

Y eso no tiene que ver que no puedas rectificar en un momento dado, pero con argumentos sólidos puedes cambiarte de un partido político y después ser de otro porque te convence mucho más ese argumento y va con tu ideología, eso no quiere decir que seas incoherente, sino que se acopla más a tu sentir.

"No tengas miedo a la perfección, nunca la alcanzaras."

Salvador Dalí

Te críticas a ti mismo. Si te sientes mal por todas las cosas que te acabo de decir, vergüenza, temor, por descubrir que te falta amor propio, esto es una señal de que te juzgas demasiado a ti mismo.

**Necesitas crear una base,
la falta de amor te destruye**

Desarrolla confianza demuestra tus habilidades, haz una lista de tus fortalezas y cosas positivas sobre ti. Escribe aquí abajo o en una hoja.

1. ....

2. ....

3. ....

4. ....

5. ....

6. ....

7. ....

8. ....

9. ....

10. ....

Rodéate con personas que confían en ellas mismas y poco a poco iras creyendo más en ti, porque ellos creen en sí mismos y a ti no te quedara otra si quieres seguirles. Por eso lee, aprende de los mejores, busca información de quién es la persona que te gustaría ser e imítale hasta que tengas sus resultados. Tu pasado determina tu futuro, tu presente determina tu futuro.

El secreto es trabajar en uno mismo a crecer tanto en lo físico, mental, emocional y espiritual nadie es perfecto todos hemos cometido errores, perdónate por todos aquellos errores que has cometido.

Un video que nos hace reflexionar sobre el valor de ser uno mismo.

Todos nosotros hemos tenido experiencias que nos han hecho daño, pero también hemos sido personas que hemos herido a otras y hemos hecho daño con nuestro comportamiento.

Recuerda que estamos aquí para evolucionar, crecer; estamos en este plano como almas rencarnadas en cuerpo físico viviendo como seres espirituales, porque todos somos uno.

La espiritualidad para mí no es pertenecer a una religión, es conocerte a ti mismo, es ser tu propia esencia, es la conexión cuerpo-mente y alma.

Después de hacer este pequeño paréntesis que quería contar, continuamos hablando de porqué nos cuesta tanto aceptar que nos digan cosas buenas y la importancia de saber recibirlas y ser agradecido como parte también del respeto hacia uno mismo.

NO PUEDO CONCEBIR UNA MAYOR PÉRDIDA QUE LA PÉRDIDA DEL RESPETO HACIA UNO MISMO.

Mahatma Gandhi

En ocasiones nos sentimos mal cuando nos dicen cosas buenas, nos halagan y nos regalan los oídos, esto, aunque parezca raro es algo muy frecuente. Cuando alguien nos dice algo bueno, está resaltando una característica positiva de nosotros mismos. Por lo tanto, ¿dónde está el problema?, nos hace sentir en ocasiones incomodos.

Nos encanta escuchar cosas agradables de nuestra persona, nos hace sentir bien. En la sociedad que vivimos es poco frecuente decir cosas buenas, es más habitual que te juzguen, critiquen. Nos sentimos en ocasiones cuando nos dicen lo que valemos cortados, ridículos. Incluso a veces pensamos que nos están vacilando y riendo de nosotros a modo de burla y esa sensación te hace sentir tonto. Cuando alguien nos hace un cumplido nos pilla por sorpresa y te extraña que piensen eso de ti.

A mí me han dicho ya bastante veces que me dedique hacer audiolibros, relatos, que mi voz hipnotiza y me ha costado creérmelo, porque mi voz no me resulta para ese tipo de cosas. Hasta que me lo he creído y lo estoy haciendo. Cada día me gusta más mi voz, me siento segura y transmito lo que quiero decir y llegar a esas personas dentro de su alma. Muchas se han emocionado y me han compartido lo que sienten y la sensación de saber aceptar esos halagos no se puede explicar con palabras, es algo mágico, único, insuperable.

De esa manera he conocido lo que las otras personas piensan de mí, ha disminuido la tensión que me generaba de tener vergüenza e incluso de reaccionar a la defensiva, he aceptado que otros me digan las habilidades que tengo y mis cualidades y a la otra persona le refuerzo y aumento la probabilidad de que me haga más cumplidos.

Soy mucho de dar, pero me cuesta en algunas ocasiones recibir, pero poco a poco estoy aprendiendo hacerlo.

Nos puede pasar que nos bloqueemos. Te he contado las ventajas de saber recibir y ahora te cuento porque nos puede incomodar, el sistema de creencias adquiridos desde bien pequeños. Has escuchado alguna vez esta frase si **te dicen algo bonito, algo querrán,** la hemos escuchado tantas veces que nos crea desconfianza, angustia, ansiedad.

Cuantas veces le has dicho a una persona un cumplido y se lo toma como que **es sarcástico y que se lo dices para fastidiarle.** Acepta el cumplido y si es sincero estate agradecido y si no lo es, al aceptarlo es problema de la otra persona.

Un ejercicio que te ayuda aumentar la calidad de tus relaciones es saber hacer cumplidos, decirles a las personas lo agradecido que estás por ayudarte en algún momento, por ser generoso de creer en ti. Es importante que aprendas a comunicarle a la otra persona, es elegir la manera adecuada y que esa persona este en la misma sintonía que tú, mantener el contacto visual sin incomodar.

El tono de voz tiene que ser suave y tranquilo. Hazlo como a ti te gustaría que te lo hicieran. Como todo lleva su práctica, ya sabes a practicarlo.

"A partir de hoy trata a todos como si fuera su último día. Dales atención, amabilidad y entendimiento. Tu vida nunca será la misma".

Og Mandino

TE DEJO LA PARTE DEL FINAL DEL CUENTO DE NUBE.

Relámpago le contestó:

- Amigo, **no quieras ser como yo**. Siempre estoy en las carreras o en las competiciones, mi amo es muy exigente y los niños me miran con curiosidad, pero raras veces se me acercan. Tú eres fantástico tal y como eres. Tus dueños te quieren, los niños se divierten mucho contigo y con Pirata, les hacéis felices y eso es lo más importante. Recuerda siempre lo que te voy a decir:

"Tú eres igual de valioso que cualquier corcel hermoso"

Entonces, Nube se fue contento a trotar por el prado.

ELIJO AMAR A QUIEN YO QUIERA

ELIJO A DEJAR ATRÁS LA ANTIGUA VERSIÓN DE MI
MISMA Y SER DESDE AHORA MI MEJOR VERSIÓN

ELIJO AMARME A MI MISMA

ELIJO TENER UNA VIDA ESPECTACULAR

ELIJO SER FIEL A MIS SENTIMIENTOS

ELIJO RECONOCERME, AMARME Y RESPETARME

ELIJO EVOLUCIONAR Y CRECER

ELIJO HACERME RESPONSABLE DE MIS ACTOS

RESUMEN

Respetarse a uno mismo, valorarte y reconocerte.

Tienes los mismos derechos que los demás, eres digno de ser amado, de tratarte con amor y compasión.

De no ser tan duro contigo mismo, de no pensar que eres menos que nadie porque eso no es así.

Tu eres la única persona responsable de cómo te sientes, no depende de ti como la otra persona se sienta.

VII
CREENCIAS QUE TE LIMITAN
EL PODER DE LA PALABRA

*"Si aceptas una creencia limitante, s
e convertirá en una verdad para tu vida".*

Louise Hay

"Hay una gran mentira: que somos limitados. Los únicos límites que tenemos son los límites que creemos".

Wayne Dyer

"El hombre a menudo se convierte en lo que cree ser".

Mahatma Gandhi

"Aprendemos nuestros sistemas de creencias siendo niños muy pequeños, y luego nos movemos por la vida creando experiencias para que coincidan con nuestras creencias".

Louise Hay

"Recuerde: todos obtenemos lo que toleramos. Así que deja de tolerar excusas y malas creencias dentro de ti mismo".

Tony Robbins

"Cuando crees que eres menos que los demás, tendrás razón".

Wayne Dyer

"Para arreglar tus creencias tienes que encontrar el lugar dentro de ti donde nada es imposible".

Deepak Chopra

"No hay ningún hombre vivo que no sea capaz de hacer más de lo que cree que puede hacer".

Henry Ford

"El potencial humano es el mismo para todos. Si tienes fuerza de voluntad para creer, entonces puedes cambiar cualquier cosa".

Dalai Lama

El poder de la palabra es algo que nos condiciona en nuestro día a día, observar lo que hablamos, cómo lo decimos es superimportante para nuestro crecimiento, salud y nuestra forma de vida.

Es una programación mental adquirida muchas veces de nuestros padres. Desde bien pequeño escuchas cosas que se van grabando en tu memoria y te hacen pensar que son ciertas. Para nosotros nuestros padres son Dioses, son nuestro ejemplo a seguir, son nuestros referentes, son los que te han dado la vida, por lo tanto, no solemos cuestionarnos casi nada de lo que nos dicen, ellos lo hacen lo mejor que saben, nadie tiene un manual de cómo educar a sus hijos.

A la vez ellos tienen conductas de cómo sus padres les programaron y así sucesivamente con nuestros ancestros. Imaginaros la cadena que hay.

Unas de las frases más comunes por ponerte un ejemplo son sobre el dinero, "que te piensas que soy el Banco de España", "el dinero cae de los árboles", "eres hijo de un millonario" estas frases que estoy segura de que te suenan nos lleva a tener limitaciones.

Es como te han programado y esos patrones han creado tu realidad sin cuestionarlo y tengas un conflicto en el área del dinero.

En cualquier área de salud, amor y dinero, hemos adquirido creencias que a lo largo de nuestra vida nos han limitado.

Por ejemplo, otra que es muy común en el área del amor es lo que nos vende la sociedad. Durante años vemos películas de Disney o nos leen cuentos desde bien pequeños con un final feliz. Así creas unas perspectivas de que hay que buscar a tu príncipe azul, casarte, tener hijos y eso es la felicidad y por supuesto además con un hombre y una mujer, como sí dos personas de su mismo sexo no pudieran ser felices.

Otra cosa que durante años hemos adquirido como una verdad, lo hemos instalado en nuestro subconsciente. Pues así es con todo. Son bloqueos y aunque no se aproximen a la realidad, para nuestra mente son ciertos, así que son reales para cada uno de nosotros.

Nos influencian en nuestro día a día y nos impiden crecer y que salgamos de nuestra zona de confort. Eso nos lleva a que a la hora de tomar decisiones nos cueste más e incluso a veces nos limiten.

Esas creencias, como te he comentado anteriormente, se originan desde pequeño, por eso para mí es superimportante que a los niños les digan cosas que le ayuden a fomentar su crecimiento, sin limitaciones.

Si de pequeño te hubieran dicho lo que vales, lo grande que eres, que puedes conseguir todo lo que deseas, que eres el creador de tu vida, que creen en ti, te hubieran dado una base súper sólida, ¿cómo crees que ahora sería tu vida?

Podría ser que ahora tuvieras más confianza en ti mismo, te sentirías que nada en la vida te puede parar, que puedes conseguir tus sueños. Seria increíble, ahora no estarías limitado en algunas cosas, te lo aseguro. Pero como nos han educado de esta forma, ahora la vida te hace que desaprendas y que vuelvas aprender a valorarte, amarte y respetarte.

CUANTAS VECES TE DICES ESTO:

No merezco ser amado, tener éxito, que me respeten… No tengo derecho a ser feliz, a quejarme, cometer errores, a expresar mi opinión porque se pueden molestar conmigo. Es difícil aprender a conducir, a escribir un libro, perdonar… No valgo para estudiar, para el marketing, para ese puesto de trabajo, para ser emprendedor…

Las creencias se forman entre los 0 y 7 años, por eso lo importante de que tus hijos, sobrinos, no pasen por esas limitaciones ya que en tu vida lo has pasado.

Te cuento lo que a mí me paso desde bien pequeña, respecto a mi sexualidad. Quería ser un chico, me quería operar, me encantaba "jugar a cosas de niños", al futbol con mi padre, a los coches, jamás tuve una muñeca. Bueno no es verdad tenía una que era más grande que yo, que no le hacía ni caso.

Me encantaba jugar a saltar muros, escalar por las paredes, era muy aventurera, ir con la bici, no me gustaba nada ponerme vestidos. En cuestión todo lo contrario a lo que normalmente hacen las niñas con esos años que era jugar con muñecas, y además eran más tranquilas. Era un torbellino. Y lo de operarme nadie lo sabía, era mi mayor secreto porque me daba vergüenza, no tenía la información que ahora hay y que sería todo un poco más fácil para comprender lo que me pasaba.

Eran otros tiempos.

Esa creencia me limitó durante muchos años. Estaba tan arraigada en mi subconsciente que no podría pensar que lo que me pasaba era que me atraían las mujeres y menos podía imaginar que siendo una chica podía estar con otra chica. Por lo que viví esclava de mi sexualidad por falta de información, por esa creencia que adquirí desde bien pequeñita.

¿Me sigues? **29 años siendo una persona que no era, viviendo una vida que no era la mía por esas creencias.**

La intención de escribir este libro es que nadie vuelva a pasar por donde pasé yo, que sean libres no presas a sus circunstancias. Cada uno de nosotros tiene sus propias creencias.

Recuerdas que te conté la historia del elefante encadenado y como esa creencia le hizo estar atado, si te apetece vuelve atrás y léelo de nuevo.

<u>CÓMO UTILIZAR TUS CREENCIAS A TU FAVOR Y QUÉ HAY DETRÁS DE ELLAS.</u>

El PNL (inteligencia emocional) es una herramienta que me ha servido para detectar y poder cambiar esas creencias que me limitan.

Vamos a detectar con otro ejemplo mío que fue hablar en la radio cómo me paralizaba. Cómo supere esa limitación, la integré y la sustituí por otra.

¿Qué creencias hay detrás de ese miedo hablar en público?

En mi caso era que me sentía vulnerable y les daba poder a los demás de que me pudieran juzgar. Eso me hacía sentir incomoda, que me quedara callada, cuando hablaba enseguida comenzaba a pensar qué pensarán de mí, lo estoy haciendo mal, a nadie le importa lo que cuente, etc.

El siguiente paso fue ver si esa creencia era 100 % real, si era cierto que esas personas pensaban eso de mí, realmente no sabes si eso es real del todo. Pero sí que te digo que habrá a personas que **si les gusté y a otras que no les gusté, no le puedes agradar a todo el mundo.** Esa creencia Venia de cuando iba al colegio, cuando leía en clase en voz alta, me trababa, me ponía nerviosa y solía tartamudear y los demás se reían de mí, se burlaban.

Comencé a ver qué podía darme de beneficio esa creencia, ese beneficio era para mí no hablar, no exponerme, no salir de la zona de confort me llevaba a estar tranquila.

¿Cómo me estaba limitando esta creencia? ¿Cómo actúo y cómo me comporto cuando creo en esa creencia?

No consigo mi objetivo si mi objetivo es transmitir a las personas y ayudar.

El siguiente paso fue cambiar esa creencia que me limitaba por otra positiva o que se acercara a ella para que fuese más real para mí:

- No gusto a nadie, **no a todo el mundo le tengo que gustar**
- Me siento juzgada, **me siento válida para lo que quiero mostrar**
- Soy una persona tímida, **por soy una persona segura de misma y decidida que confía en los demás y piensa de forma positiva.**

Parece fácil, pero hay que buscar ejemplos que sean reales para ti, que actúen así cambiando esa creencia negativa a afirmativa.

Como eres con las personas de tu familia, no eres tímido y te expresas con naturalidad. Entonces eres así, confías te sientes bien, tomas decisiones. Por lo tanto, esa creencia que tenía de hablar por la radio pues poco a poco cambiando mi intención, desmontándola y tomando acción de dudar sobre esa creencia, logré cambiarla y hablar cada día en público.

Hasta he creado un canal de YouTube con relatos que te lo dije anteriormente, así saliendo de mi zona de confort y rompiendo esos parámetros que tenía ante mi inseguridad.

Te dejo aquí de nuevo el código QR. Deseo que te guste mi canal Viaje a la vida y te suscribas. Gracias por formar parte.

Cuando prestamos atención a cómo nos dirigimos a nosotros mismos, observamos que nuestro lenguaje suele ser negativo. Aparecen pensamientos de culpa, rechazo y desvalorización.

Hablemos sobre el rechazo, lo que sentimos de manera externa y la interna. Sentirnos rechazados es algo que nos duele mucho y es difícil aceptarlo. El rechazo exterior no lo podemos evitar. Piensa, ¿cuántas veces has rechazado a alguien? Alguna que otra vez. Lo que viene de fuera, es como te he estado hablando en el libro, algo externo a ti, en esta ocasión lo que podemos hacer es que no nos afecte o ignorarlo.

El rechazo interior es un poco más complicado porque está en nuestra mente y creemos que debemos ser rechazados. Eso nos lleva a ser personas inseguras y no encontrar nuestro lugar. Y a la vez esto nos lleva a no cuidarnos y transmitimos ese rechazo a los demás.

Tú eres el único que puede salir de ese rechazo, tienes que confiar más en ti.

Hablando del rechazo, un día teniendo una conversación con mi hermano, me dijo algo que ni si quiera me acordaba. Como ya os conté el tema de mi sexualidad, en casa tenemos una anécdota que siempre la solemos recordar y es que mi madre siempre hacia el comentario de que le hubiera encantado tener un hijo gay.

Hasta ahí todo bien, eso lo escuche una vez que mi madre ya no estaba entre nosotros después de seguir mi corazón y escuchar a mi alma. Bueno o eso creía yo. Ya había aceptado y roto las creencias que me limitaban en este tema.

Pues resulta que sí, que lo había escuchado decirlo de ella en vida, pero no lo recordaba. Mi hermano me dijo que discutía con mi madre sobre ese tema, que le decía a mi madre que no entendía cómo podía decir eso, que dos hombres o dos mujeres estuvieran juntos era normal y que lo viera bien. Teníamos debate y me enfadaba mucho por la manera de pensar de ella.

Mi madre apoyaba ya hace más de 30 años este tema y yo lo juzgaba, lo criticaba, fijaros como esa creencia me llevó a creérmela y el daño que me hacía. Lo peor de todo es que ni lo recordaba.

Y mira ahora me gustan las mujeres, lo que juzgaba resulta que era mi mayor bendición, era mi barrera, mi limitación y lo que me hacía estar mal conmigo misma. Ahora pienso que mi madre me estaba intentado decir lo que me pasaba y cómo era. Y que de alguna manera fuese como fuera, ella me amaría sin condiciones.

Me cuestioné si eso fuera así. Tenía como una espinita porque pensaba que ella se fue sin saber cuál era mi condición sexual, ahora recordando estoy escribiendo este libro que para mí está siendo una gran terapia. Me estoy dando cuenta de que ella me dio señales, que sabía qué era lo que me pasaba cuando llegaba a casa llorando porque no podía mantener relaciones con chicos.

Aunque directamente jamás hablamos de ese tema que quizás mi preferencia sexual fuese las mujeres, creo que de alguna manera me estaba guiando a que me diera cuenta por mí misma sin condiciones, sin que tuviera dudas, que fuese yo quien lo aceptara y me diera cuenta sin que ella me condicionara.

Qué fuerte. Esto me acabo de dar cuenta, escribiendo, intentando ayudar a los demás y transmitir. Para mí este libro está siendo toda una revelación, satisfacción, una terapia espectacular, por todo lo que estoy aprendiendo y recordando. Por eso solo puedo decir que gracias, gracias y gracias por lo emocionada que estoy en el momento que escribí estas líneas, deseando que alguna parte de este libro os llegue y si puedo ayudaros simplemente con alguna frase ya estaré totalmente feliz.

Me siento libre, qué maestra tan grande tengo, aunque no esté aquí la siento y me he dado cuenta de que la elegiría una y otra vez como madre. Por eso sigo pensando que mi madre hizo su papel en este mundo que fue que el que me diese cuenta de quién era, cómo era y para qué vine a este mundo. Que es para romper moldes y ayudar a millones de personas. Esto es para mí suficiente para seguir luchando por la igualdad del ser humano.

Este es mi propósito de vida y es por lo que me levanto diariamente, lo que me da fuerza para seguir. Para hacer consciente a las personas que todos somos iguales. Abrir nueva conciencia y ser una más que pone un granito de arena a la sociedad y a este mundo en el que vivimos.

**Súmate también a mi grupo de Facebook donde puedes
compartir tus vivencias: Tribu Arcoíris Imparables
y aparte crea tu propio grupo.**

Crea tu propio grupo **DE TRIBU ARCOÍRIS** para compartir vuestras experiencias y apoyaros entre vosotros, hablar de qué os parece el libro, qué os ha llamado más la atención. En grupo se aprende del uno y del otro, es un líder y comienza por compartir las cosas que te han sucedido, los retos que has logrado.

Ser una piña arcoíris, estamos aquí para revolucionar el mundo y dejar nuestro legado.

<u>RESUMEN</u>

El poder de la palabra nos condiciona el día a día, son tan poderosas que a través de ellas podemos destruir o crear.

Las palabras nos ayudan a conectar con las personas y en muchas ocasiones nos limitan, nos vamos creando un sistema de creencias. Que en rara veces cuestionamos.

Las creencias se forman entre los 0 y 7 años en esa edad somos totalmente vulnerables y lo que nos dicen nuestros padres, tutores, la sociedad no lo creemos sin más.

Se pueden cambiar esas creencias a tu favor siendo consciente de que es lo que te limita cambiándola por otra y saliendo de nuestra zona de confort.

TERCERA PARTE: TRANSFORMACIÓN AMARTE

El secreto de Ser…

VII
CONCIENCIA

TRANSFORMACIÓN

Transformación de gusano de seda a mariposa que vuela libre sin confusión de que el amor se convierta en odio, alegría o rabia y vivir con miedo de abandono... de vivir presa de sus preocupaciones, por si el viento sopla fuerte que puede pasar o no.

No puedo volar y perder el amor porque es un sentimiento que surge dentro de mí, ni cambiar la cantidad de amor que esas personas sienten al verme con esos colores en mis alas, ¿por qué luchar contra eso?

Vuelo tan alto que aprovecho el amor que recibo y así no me preocupo de amar de una manera o grado específico. Esa presión de aire es la causa de destrucción de muchas relaciones que parecían ser perfectas.

Como mariposa me desvinculé de ser gusano y moldeé por todo lo que pasé. Esos sentimientos centrados en el pasado los dejé atrás. Los dejo atrás porque perdono y olvido el dolor que me causaron otros, las palabras hirientes por las personas que amas que me causan tanto dolor son pasado. El pasado para dejarlo atrás es perdonar al que te ofende, menosprecia y a ti mismo.

Respira, vuela pósate en cada flor y enfócate en tu interior. Yo soy esa mariposa que me entrego al momento presente, que tengo claridad de pensamiento y la actitud adecuada. Claro que tendré situaciones malas, pero esas experiencias de mi vida son una oportunidad de aprender más y de transformarlo todo.

Te voy a dejar por si te quieres inscribir en mi canal de YouTube y escuchar este relato, reflexión.

Relatos Viaje a la Vida.
GRACIAS, GRACIAS Y GRACIAS.

Cuenta una leyenda que en un pasado remoto los seres humanos éramos dioses. Pero debido a nuestro infantilismo, abusamos tanto de nuestros privilegios que la vida decidió retirarnos dicho poder, escondiéndolo en un lugar difícil de encontrar. De este modo, la vida quería que no reconectáramos con nuestra divinidad hasta que realmente hubiéramos madurado.

"¡Enterremos el poder de la divinidad bajo tierra!", le sugirió su comité particular de eruditos. "¡Ya veo que ignoráis hasta qué punto los seres humanos son tozudos!", replicó la vida. "Explorarán, excavarán y destruirán la tierra hasta que un día darán con el escondite". "Entonces, ¡arrojémoslo al fondo de los océanos!", propusieron los eruditos. "No me convence, pues sé por experiencia que no saben estarse quietos. Allí también lo buscarán".

"¿Y si lo escondemos en la Luna?" La vida rio. "Por absurdo que os parezca, los seres humanos se gastarán una fortuna en naves para intentar conquistar el espacio". El comité de eruditos, perplejo, se quedó en silencio, sin saber qué decir. "Según lo que afirmas, no hay lugar bajo la tierra, en el fondo de los océanos e incluso en la Luna donde los seres humanos no vayan a mirar nunca". Tras escuchar estas palabras, la vida tuvo una revelación. "¡Ya lo tengo! ¡Esconderemos el poder de la divinidad en lo más profundo de su corazón, pues es el único lugar donde a muy pocos se les ocurrirá buscar!".

DENTRO DE NOSOTROS.

Lo que necesitamos para ser felices ya se encuentra en nuestro corazón, ¿recuerdas que te hablé de la felicidad budista?, te dejé una pincelada de lo que era. La felicidad, el amor, parte de uno mismo. Te hice varias preguntas, vamos a recordar algunas de ellas.

¿Cuánto **tiempo pasas contigo mismo? ¿Te conoces realmente? ¿Te mimas, te cuidas, te hablas con respeto?**

Nos enseñan a amar fuera y ¿qué pasa con nosotros?, todo es cuestión de entrenamiento, comprensión. Si quieres estar fuerte, ¿qué haces? Ir al gimnasio, si vas a trabajar a un trabajo nuevo, ¿qué haces? Lo aprendes. Te esfuerzas con una actitud, vas entrenando. El entrenamiento de amarte es superimportante para nuestra vida.

Buscamos fuera lo que nosotros no nos damos, porque vivimos desde la escasez, no sabemos ser felices de forma independiente. Cuando conectamos con nuestra fuente interna, entramos a la vida de los demás dándoles lo mejor de nosotros sin necesitar ni esperar nada a cambio.

Si no nos amamos, nos adentraremos dentro de un mar de dudas. Amarnos es una prioridad.

La depresión es la enfermedad del alma, es la única manera que nuestro cuerpo nos está diciendo que algo no va muy bien, te ha estado avisando con enfermedades y no le hacemos caso, hasta que te lo demuestra de una manera con mayores consecuencias.

Con tristeza, no tener ganas de levantarte, otras veces no poder dormir, no te hace nada feliz, te sientes vacío, tu vida no tiene sentido, lloras, no quieres hablar con nadie ni ver a nadie, piensas que la vida no vale la pena, sientes que no vales nada, que nadie te aprecia. Todos estos estados de ánimos son por los que pasé yo en su día. Y lo peor de todo es que era una etapa de mi vida en la que lo tenía todo: casa, trabajo, amor, coche, moto, vivía bien. Pero tantos años ocultando mi sexualidad, años trabajando en lo que no me gustaba, años intentando agradar a los demás. El mundo estaba en contra mí, no era yo quien estaba en contra del mundo.

Me pasaron factura, mi cuerpo reaccionó y está vez tenía que hacerle caso sí o sí. Siempre súper irritada, tenía ratos que estaba bien, pero muchos más estando mal; sensación de vacío, no veía lo que me pasaba, hasta que comencé con pensamientos de que no quería vivir, quería desaparecer, cerrar los ojos y no despertarme más.

Llegaba a casa y solo sabía discutir con mi pareja. Así pasaron años, a veces la quería dejar y otras quería estar con ella. Esa sensación de que no sabes lo que quieres. Tuvieron que pasar muchas cosas para que por fin abriera los ojos y me diera cuenta de que necesitaba ayuda, que esto se me había ido de las manos.

Lo que hizo que me diera cuenta de que no estaba bien fue la ruptura con mi pareja, nos dimos un tiempo y esa sensación de que sabes que esta vez iba a ser la última que estuviéramos juntas, que se acabó. Me hizo ver que necesitaba ayuda. Antes de seguir contándote, déjame que te haga una pregunta: ¿te ha ocurrido en alguna ocasión, te has sentido así?

Amarse a uno mismo es algo muy serio. Lo has visto poniéndome de ejemplo por donde he pasado, seguramente te sientas identificado. Te voy a decir algo, por todo lo que pase doy las gracias porque eso me hizo ver que no me quería, ni me amaba un poco. Por lo que pasar por ese estado y tocar fondo me llevo a comenzar a ser mi nueva versión, en ese momento busqué información, leí libros, hice terapias, psicólogos, psiquiatras; de estos dos últimos te hablaré un poco más adelante. También formé parte de un centro espiritual y desarrollo personal que ni siquiera sabía que eso existía en esos tiempos.

Amarnos es sinónimo de escucharnos, valorarnos, respetarnos, de ser amables con nosotros en cada momento y frente a cualquier situación. Es un proceso de autoconocimiento, es el medio que nos permite ir superando a través de la aceptación y el amor nuestros miedos, complejos y frustraciones.

Como te decía, lo que me hizo tomar acción fue cuando nos separamos, ella estaba en casa y yo me volvía a casa de mi padre. Te dije que la cosa llevaba un tiempo mal entre las dos, en el trabajo, mi entorno, todo. Una tarde estaba trabajando en la heladería, mi padre, mi hermano y algunas de mis tías estaban allí sentados en una mesa, me acerqué y le dije a mi padre que necesitaba ayuda que no estaba bien, que se me pasaban cosas raras por la cabeza, que mi vida no tenía sentido, que ya no podía más.

Soy de las que piensa que los psicólogos, psiquiatras no eran suficientes para mí, ya que había estado en terapia con mi hermano, mi padre y antes de que me dijera cualquier cosa, algún ejercicio o algo, siempre lo había hecho antes. Por lo tanto, o no era el momento o era algo que tenía que afrontar por mi sola y por medio de otras herramientas como lo fue el desarrollo personal.

A mi hermano tampoco le funcionó en ese entonces, no le hizo bien, no pasó el duelo, no aceptaba que mi madre ya no estuviera. Hace como cosa de tres años, tras la muerte de mi abuela materna quiso aceptar que mi madre jamás volvería. Por lo que a ninguno de los tres de alguna manera nos sirvió de la forma que pensábamos que nos podría ayudar, o no era el momento adecuado. Esto fue al mes de que mi madre ya no estuviera.

Ahora cuando comencé con el psiquiatra, ya sabéis que suelen mandarte pastillas. No me gusta medicarme, pienso que eso solo es como poner un parche al problema, pero no la solución. Será porque he vivido con una persona que está enganchada a ellas y piensa que sin esas pastillas no puede salir adelante. Al verlo empastillado en alguna ocasión sentado en el suelo sin tener fuerzas para levantarse, me prometí que jamás pasaría por esa situación. Ese día que vi a mi padre así me marcó mucho.

Esto es mi experiencia te recalco, no quiere decir que dejes las pastillas si estás con ellas, no quiero decir nada de eso. Es mi verdad y lo que yo he vivido.

Hay un dicho que dice, no escupas para arriba que todo cae para abajo, o algo así. Y el día ese que pedí ayuda en la heladería pues fui al psiquiatra que va mi padre. Comencé hablando de lo que me pasaba, cómo me sentía y negociando las pastillas que me ponía porque no quería tomarlas. Supongo que eso me ayudó un poco, pero lo que más me ayudo fue la actitud que puse, el levantarme cada día sin tener ganas; el aferrarme, buscar qué era lo que más fuerza me daba para seguir adelante. En mi caso fue mi familia, no podía volver a hacerles pasar por otra situación, no podía dejarles vivir de esa forma, ya habían perdido a mi madre.

Eso fue a lo que me aferré en ese momento, perdí cerca de 15 kilos, recuerda que se sumaba que mi pareja y yo nos habíamos dado un tiempo. Eran más ingredientes. Ella estuvo apoyándome hasta que un día las cosas cambiaron, conoció a alguien que le hacía feliz, se ilusionó.

Por lo tanto, mi mundo se vino abajo, estaba en unos de los peores momentos de mi vida y la persona que amaba, que me daba fuerzas no estaba conmigo. Comprendí que ella no tenía que formar parte de mi vida en esos momentos, que era algo que tenía que superar por mí misma. Fue lo mejor que me pudo pasar, está claro que al principio no lo entendía, porque no ves más allá, te vuelves egoísta, estás descolocada. Hoy por hoy es lo mejor que pudo pasar. Jamás en la vida la hice responsable que no estuviera a mi lado, no era algo que a ella le correspondiera, era mi responsabilidad: nada es afuera todo es adentro. Si la amaba tenía que dejarla y preocuparme por mí, por sanarme, cuidarme, amarme y respetarme.

Estuve un año con tratamiento. Desde el minuto uno sabía que no iba a depender de las pastillas y así fue. Por favor, te repito esto no quiere decir que si estás tomando las dejes, te hablo de mi experiencia. La tuya puede ser totalmente distinta. Para mí la mejor terapia es conocerse a uno mismo, trabajar en ti, comprender que te dice tu cuerpo-mente y alma. Con herramientas y profesionales.

Esto es un poco de mi historia, algunos desafíos que he pasado. Por lo que superé mi depresión con la ayuda de mis seres queridos, la ayuda de un especialista. La depresión no es fácil de superar, pero por supuesto que se puede. Evita estar solo, rodéate de gente, pasea, escucha música alegre, haz cosas que te gusten, medita, baila, ve en bici…

Vivimos en un mundo en el que muchas veces las cosas no salen como esperamos y vamos acumulando… entonces dejamos de encontrarle el sentido a todo.

Hay una frase que me encanta, **hoy el cielo puede estar gris, pero mañana brilla el sol, que esos pequeños detalles como la sonrisa de un niño cuando paseas por la calle, esa persona especial, ese abrazo de alguien a quien amas te da esa fuerza y te da ese empujón.**

Todo funciona por medio de creencias, deseos, conductas egocéntricas, muchas de las cuales no queremos reconocer. Por eso cuando alguien nos dice algo de nosotros mismos y no nos gusta solemos ponernos a la defensiva. Comprender y aceptar nuestro lado oscuro. Son nuestros conflictos internos, es la proyección sobre los demás, sanar las heridas emocionales derivadas de nuestros conflictos internos.

Amarnos es tomar la responsabilidad de crear un mundo de bienestar con nosotros mismos, sin resultados externos. Por eso la importancia de estar solo con uno mismo a través de la meditación, escucharnos, descanso, actividad. Eso nos ayuda aumentar nuestra energía vital con la consecuencia de que eso activa nuestra salud física y emocional.

Energía vital = salud física y emocional

La alimentación, ejercicio, llevar una vida sana, equilibrada y recuperar el control de nuestra mente. Así poco a poco iremos aceptando las personas que somos.

Rodearnos de personas que no nos roben la energía, ¿os ha pasado alguna vez, que os habéis juntado con alguien y sentís como que de repente te notas más cansado, con menos fuerza, que hay algo que no te gusta en el ambiente, una sensación de pesadez? Eso es que nos están absorbiendo la energía, hay personas que son vampiros energéticos, suelen ocasionar cansancio, inseguridad, desgano. A veces son personas que no son conscientes de ello y otras que si lo son.

Son en pocas palabras aquellos que se dedican a estar a tu lado para ver si pueden sacar algún beneficio propio, estos son los que son conscientes. Luego están los que por supuesto lo hacen inconscientemente sin tener esa intención.

Suele ser algo más común de lo que nos imaginamos, los que más nos absorben energía son las personas mayores y los niños. Los niños lo hacen sin darse cuenta. Cuántas veces dices este niño no para y alguna vez que otro está súper tranquilo, es porque su energía es bajita, ellos gastan mucha en su día a día y de la única forma que puede recargarse es con la nuestra.

Las personas mayores absorben esa energía para que ellos puedan autoabastecerse. Cuando visitaba a mi abuela en muchas ocasiones estaba floja, sentada sin hacer nada y al rato de estar con ella se activaba y a mí me dejaba sin fuerzas. No tenía ganas de nada, bostezando y con ganas de irme a la cama a descansar. En el hospital pasa lo mismo, están las personas muy bajitas de vibraciones y van absorbiendo energía de cada uno de nosotros. Es agotador pasar cuidando a una persona enferma, ¿verdad?

Somos energía en constante movimiento. Tu frecuencia vibracional dependerá en la sintonía que estés, la sintonía son tus emociones, como sea tu estado de ánimo, si estás triste, malhumorado… y te pones a ver las noticias, pues adivina, tu vibración baja aún más. Llevaré más de 14 años sin ver las noticias y si voy alguna casa que las pone, desconecto, pongo el foco hacia otra cosa, como ser consciente de lo que estoy comiendo, saborearlo, mi atención es plena a la comida. Evito totalmente cosas que me hagan sentir mal y mi vibración baje.

En el próximo capítulo vamos a hablar de la **salud emocional**, un tema bastante importante. Te espero en el siguiente capítulo, estás haciéndolo muy bien, recuerda que cada vez que consigas un logro de premiarte con algo que te guste.

Si de normal no te gusta leer y has conseguido llegar hasta aquí, prémiate.

Vamos a hacer las declaraciones en voz alta, si hay algo que sientas en el corazón que pueda ayudar, comparte esa parte, hazle una foto y súbela en tus redes sociales.

Gracias, gracias y gracias…

- ELIJO AMAR A QUIEN YO QUIERA
- ELIJO A DEJAR ATRÁS LA ANTIGUA VERSIÓN DE MI MISMA Y SER DESDE AHORA MÍ MEJOR VERSIÓN
- ELIJO AMARME A MI MISMA
- ELIJO TENER UNA VIDA ESPECTACULAR
- ELIJO SER FIEL A MIS SENTIMIENTOS
- ELIJO RECONOCERME, AMARME Y RESPETARME
- ELIJO EVOLUCIONAR Y CRECER
- ELIJO HACERME RESPONSABLE DE MIS ACTOS

RESUMEN

La felicidad esta dentro de nuestro corazón, AMARNOS es una prioridad.

Amarse a uno mismo es la tarea mas importante del ser humano, siempre te sorprendes de lo que puedes conseguir.

Todo funciona por medio de creencias, deseos, ego es el momento de mirar nuestro interior.

Somos energía en constate movimiento.

VIII
SALUD EMOCIONAL

Amarse a UNO mismo es el inicio
de un romance que dura toda la vida.
Nadie te dará la felicidad que necesitas en tu vida.

Oscar Wilde

Estás obligado a vivir toda la vida contigo, tu cuerpo es tu templo, es tu vehículo, qué mejor que saber de ti, conocerte, romper limites que te condicionan, descubrir ese potencial que llevas dentro; ser honesto, comprometerse con nuestra vida, conocer esa parte desconocida y valiosa de quienes somos. Atrevernos a ser quienes somos, sin poner capas, ir quitándolas hasta encontrarte a ti mismo y ser tú, abrazándote, siendo fiel y no poniéndote en juicio.

Amarnos es perder el miedo, es conocerse, cuidar nuestras necesidades; es hacerse responsable de nuestra vida, es vivir conscientes, liberarte de los condicionamientos y encontrar nuestro propio sentido.

Cuando me liberé del tema de mi sexualidad y comencé a descubrir quién era, una parte de mí se liberó, conecté con mi fuente, eso fue la muestra de amor más grande que he vivido hasta el día de hoy.

Me sentía presa de los condicionamientos y expectativas que otros habían depositado. Es como si tuviera una cadena en mi pie con una bola que hace peso y me arrastraba hacia lo más profundo del mar. Durante años tenía un sueño que se repetía una y otra vez.

Este sueño me estaba dando pistas que algo no iba bien y mi subconsciente me decía por medio del sueño que tenía que mirar hacia adentro, a veces los sueños nos dicen cosas cuando estás durmiendo, no eres tú quien controla esos pensamientos, es tu mente. Por lo tanto, cuántas veces hemos soñado con cosas que no tienen ni sentido, pero en el fondo esos sueños tienen su significado, ese sueño era de angustia.

Estaba en un bosque, la tierra era de color marrón, no veía las hojas solo los troncos y recuerdo que había muchos hoyos en el suelo. Estábamos toda la familia, mis primos, mis tíos, mis padres mi hermano y nos poníamos a jugar al escondite, siempre me caía en el mismo hoyo que era profundo. Me despertaba en ese momento, por lo tanto, nunca sabía cómo acababa. Mi despertar era de miedo, angustia, terror, pánico y luego me costaba mucho volver a dormirme. Cada mes o así se repetía sobre todo cuando era pequeña y en mí adolescencia.

Te voy a contar cuál ha sido su significado. Me hablaba de un aspecto de mi vida que estaba escondiendo que ni siquiera sabía que estaba y por supuesto ese sueño, en el momento que descubrí ese secreto, desapareció.

El hoyo simboliza sensación de vacío que está oculta sin que nadie la vea, ni siquiera yo misma. Y lo que más me encanta es descubrirla escribiendo este libro. En alguna ocasión he comentado que estar escribiendo este libro para mí es algo sanador, es una terapia, un regalo; estoy recordando cosas que tenía ocultas o simplemente ni recordaba. Recuerda también que el cerebro reptiliano nos ayuda a sobrevivir que es su misión, entonces de alguna manera para que yo no sufra intenta que olvide ciertas cosas, ciertos recuerdos…

Tener el placer de escribir este libro para que tú lo leas y que te pueda ayudar a dar más consciencia a tu interior me hace tener sentido mi vida. Por eso es muy importante que te encuentres, que dejes de ponerte máscaras, que vivas y que aceptes cómo eres. Esta es la vida que has elegido, acepta tus retos, virtudes y defectos; sé valiente, te estás perdiendo lo más bonito que hay en la vida que eres tú mismo.

Con esto no quiero decirte que todo sea de color de rosa, hay que tener los pies en la tierra. Está bien soñar, imaginar despierto, pero que sepas que la vida es un continuo aprendizaje. Tu misión aquí es reconocer quién eres, ser feliz, sentirte pleno y saber que todo lo que deseas lo puedes conseguir.

Toda creación lleva su tiempo. Algunas cosas se manifiestan más rápidamente y otras más lentamente, lleva su proceso como por ejemplo, cuando plantas un árbol para que crezca tienes que regarlo, ponerle su abono, cuidarlo para que te den sus frutos, pues con las leyes universales es lo mismo. Todo lleva su proceso de manifestación. Cuando estás preparada, la vida te lo da, hay que estar atentos y abrirte a lo que venga y saber aceptar ese regalo que puede venir detrás de algo que no te hace sentir bien, puede venir disfrazado.

He cambiado de tema así por así. De repente estoy escribiendo algo y te acabo de contar otra cosa sin venir a cuento. Te aseguro que esto me suele pasar mucho y me dejo llevar, es como si no escribiera, yo comienzo a canalizar y no sé ni siquiera lo que acabo de decirte. Lo único que sé es que si lo escribo es porque es algo que debes de saber y es un mensaje.

Cuando sé que es un mensaje mi cuerpo se eriza, tengo escalofríos y esa sensación me confirma que voy por buen camino, qué es lo que debo hacer y decir. Mis manos escriben solas, no pienso en nada, sola me viene la información y sin cuestionarlo lo escribo. Muchas veces también me pasa con personas que me rodean. Estamos hablando y tengo la necesidad de darles una información sin venir al cuento, después me vuelven a preguntar qué les he dicho y por qué. Y ya no suelo recordarlo.

Ahora entra a mi mente, soy consciente de lo que acabo de hacer y comienzo a justificarme y decirte que no pienses que estoy loca; quizás no lo comprendas, que no me juzgues y que sigas leyendo el libro.

Estoy siendo como soy, sin máscaras, esencia pura, sin filtros y sincera porque es lo que nos merecemos todos y para mí tú eres la persona en estos momentos más importante porque quiero ayudarte y que veas que después de cada desafío hay una solución, que no te enfoques en el problema.

El estilo de vida influye la salud emocional. Es importante prestar atención a tus propias necesidades y sentimientos. Si cuidas de ti mismo, vas a estar mejor preparado para hacer frente a los desafíos.

Vivimos en un mundo que, si no tenemos una salud emocional, y estamos fuertes con una autoestima bien construida nos podemos dejar arrastrar hacia lugares peligrosos.

El alcohol, las drogas nos llevan hacer cosas que de normal no haríamos, te hacen sentir que tienes más poder, incluso sentir que eres más guay, mayor. Lo único que estás haciéndote es joderte la vida, pero claro si lo vemos como normal, si la sociedad nos invita a beber con anuncios en la televisión, si lo vemos desde bien pequeños que nuestros padres se toman una cerveza, fuman, etc. está normalizado.

He ido con personas de todas clases, con personas que sus vidas estaban destructuradas, personas con un nivel de vida muy bueno.

He visto de todo, personas jóvenes metidas en drogas, personas con un nivel adquisitivo; a mí me gusta mucho observar y me he dado cuenta de que cada uno de esos individuos que consumen sustancias parten de alguna carencia no resuelta en sus vidas. Y para ellos es una forma de liberación, de no ver el problema o de no pensar en eso.

Podría haber sido una de ellas, ya que me he rodeado y he tenido casos muy cerca de mí, la he tenido delante. Pero jamás me ofrecieron porque es algo que no va conmigo. Por eso la vibración es algo muy importante, saber en qué frecuencia estás para no atraer esa clase de situaciones que lo más seguro es que estén, pero pasaran desapercibidas si no les presta la atención.

A parte viví un episodio en mi vida que el único tío que tenía fue drogadicto con 12 o 13 años. Era la época en que aquí en Valencia apareció el caballo, la heroína. Mi tío tenía una baja autoestima, era muy tímido y las compañías del barrio no eran las más idóneas. Una cosa la llevo a otra y se metió en ese mundo. Fue uno de los que no lo contaron como muchos otros, antes de morir le hice una promesa, que jamás en mi vida me drogaría, que fue el que sacrificó esta vida para que ninguno de la familia hiciéramos eso. Verlo pasar por todo el proceso de la enfermedad, pienso que tenía que ser así, para aprender de él. Solo tenía 33 años cuando se murió, mi madre nunca superó su muerte y 8 años después se fue ella.

Ahora sé que están los dos juntos felices, cuidándonos, sé que son mis ángeles de la guarda y le doy las gracias, le dedico esta página a mi tío, por darme esos valores y ver que eso no me lleva a ningún sitio. Con 21 años que tenía y con las personas con las que me juntaba podría haber sido una de esas que esta enganchada a otras clases de sustancias.

Intentó salir varias veces, lo contó en la familia, aunque a mí me lo contó gente que lo había visto y me avisaron de ello con 16 o 17 años. Lo oculté y no se lo dije a nadie, hasta que en 1995 tomó la decisión de pedir ayuda a la familia.

Era el mes de agosto y a mí me llevaron al pueblo de mi padre para que no me enterara de nada. Para mí, mi tío era una parte super importante en mi vida, era mi ídolo, siempre iba presumiendo de él. Cuando llegué y me encontré la situación, no pude aguantar más y les dije a mis padres que yo lo sabía, durante tiempo me sentía responsable por no haberlo contando, era solo una cría y en realidad no me lo quería creer.

Te digo que lo intentó, porque jamás quiso dejarlo, estaba en ocasiones en el hospital ingresado y le llevaban drogas los amigos a escondidas, estaba en la cama de casa de mi abuela sin fuerzas, casi siendo un vegetal y esas pocas fuerzas que le quedaban las utilizaba para pincharse. Seguía igual drogándose. En sus últimos meses me dijeron que era mejor que no fuese a verlo, que me quedara con la imagen que tenía cuando estaba bien. Era super guapo, moreno, pelo larguito, medía 1,80cm, pesaba 70kg, y se quedó pesando 35kg. No podía comer por sí solo, con un tumor en la cabeza debido a las drogas, con VIH-SIDA. Y una muerte no muy bonita, siendo consciente de que estaba cerca su día.

Te digo esto porque a la larga tu salud mental y salud emocional se relacionan. Es muy importante para amarte, ser fuerte y vencer esos miedos que tienes dejar de tapar tus problemas con sustancias, alcohol. Eso solo es poner un parche, tú eres mucho más que eso, no importa la vida que hayas llevado, no importa los problemas que tengas, importa cómo quieras solucionarlo, cómo ser esa persona en la que te quieres convertir; y si tienes alguna adicción, pide ayuda a profesionales, no te avergüences, deja de esconderte, todos los problemas tienen solución menos uno, que ya sabes cuál es.

Hay especialistas que pueden ayudar a cualquier persona que conozcas así, de alguna manera estás personas se sienten vacías por dentro y ven esto como una vía de escape. Pero lo peor es que no solo les afecta a ellos, sino a su entorno.

Otra razón más por lo que escribo este libro es porque quizás esta experiencia pueda ayudarle a alguien. Que esto no lleva a ninguna parte que, aunque en ese momento le haga sentir bien, al día siguiente el problema vuelve a estar y vuelves otra vez a hacerlo, así día a día. Cuando te das cuenta ya estas enganchado y controla tu vida.

He vivido situaciones bastante malas, acoso en el colegio, esconder mi sexualidad hacia mí misma, fallecimientos de seres queridos, depresiones. Con esto no quiero decir que mi vida sea peor que la tuya y que tú no hayas pasado por procesos similares, solo quiero expresarte que todo se supera, que seas consciente que hay personas que han pasado por peores situaciones y que siguen de pie y la importancia de amarse-respetarse-conocerse; que si no puedes solo, pide ayuda, pedir ayuda no es ser una persona débil, pedir ayuda es querer avanzar, seguir adelante y **AMARSE**.

Creo que esta información puede ayudar a dar un pequeñito paso, poner mi granito de arena, si alguien ha podido tú también puedes, si alguien lo hace tú lo puedes conseguir. Creo que es un libro diferente a los demás, te he contado muchas anécdotas y todas de superación, lo que quiero es que te quedes con el mensaje que tú eres **ÚNICO e IRREPETIBLE**, que el mundo te está esperando, que tengas a muchas personas que ayudar con tu experiencia vivida, tus retos personales, que, aunque pienses que lo que te pasa a ti es una tontería, no lo es, puedes ayudar en ese momento a muchas personas.

El día que salí a hablar en público por primera vez había cerca de 80 personas. Estábamos haciendo una conferencia, éramos un grupo de emprendedores que hacíamos crecimiento personal y aunque me costaba mucho salí a contar mi experiencia, a decir a qué me dedicaba, cuál era mi misión de vida, fue la primera vez que hablé de mi sexualidad con tantas personas.

Era algo que quería contar, pero no porque tenga que dar explicaciones a alguien y que tenga que decir o poner etiquetas. Lo único que deseaba era ayudar a alguien que estuviera pasando por esta misma situación o similar. El resultado fue que más de una persona se emocionó. Había algo que le había llegado a su corazón, les había despertado alguna emoción. Para mí eso fue increíble. Estoy segura de que esa charla les marcó un antes y un después en su vida, vieron las cosas de distinta manera y se fueron pensando.

Esta foto es justo del momento en que termino de hablar. Como en ese entonces me costaba saber recibir, me pongo encima de una silla con los brazos abiertos, acogiendo esos aplausos de todas esas personas que estaban alli ese día. Fue un reto muy duro contar mi historia, despues recibir el cariño y las muestras de amor de esas personas que en mi vida había visto.

Tú eres la pieza fundamental en la vida, el amor es ilimitado. Es imprescindible amarse a uno mismo para sumar y aumentar nuestros valores.

Me gustaría hacerte un resumen de todo lo que hemos aprendido hasta aquí, recordarte las partes más importantes. **Consta de 3 fundamentales pilares que son autoestima, creencias, empatía.**

El amor no depende de otra persona, aunque de normal cuando hablamos de amor solemos pensar en el amor de otra persona, familia…lo más importante en la vida es el de uno mismo, sino no nos queremos a nosotros mismos, será imposible amar a otro.

Hay que trabajar la autoestima y mantenerla en niveles más saludables: es el concepto que tenemos de nosotros mismo, es lo que pensamos, sentimos y decimos de nosotros. Aceptarse a sí mismo tal y como somos. La honestidad es muy importante, es mejorar cada día, controlar las emociones, aceptar lo que sucede en la realidad, confiar en sí mismo.

Escribe 5 cualidades que tienes.

1. ....

2. ....

3. ....

4. ....

5. ....

De estas 5, ¿cuál es la que más te define?

....

....

....

....

¿En qué momento de tu vida te has sentido orgulloso de ti mismo?

....

....

....

....

¿Recuerdas cuál es ese mensaje que te ha empoderado y te han hecho llegar personas de tu entorno?

....

....

....

....

¿Qué te gustaría aportar al mundo?

....

....

....

....

ES UN PILAR FUNDAMENTAL EN NUESTRA VIDA. EL AMOR REAL ES DAR SIN ESPERAR NADA A CAMBIO.

Las creencias son los juicios que hemos aceptado de los otros sin cuestionarlos, son ese sistema de creencias que hemos adquirido en la vida de nuestro entorno, padres, familia, amigos, profesores, de la sociedad. Nos han dicho que es así y nos lo hemos creído. Esto nos limita, depende de la situación en la que te encuentres, o nos empodera.

Las que nos limitan y sientas que es así, tienes que saber identificarlas y cambiarlas, ser consciente que no te suma. Una creencia que nos limita sobre el amor puede ser que tú das siempre más que los demás, que el amor es sufrimiento, que el amor es estar pendiente del otro en todo momento, es poner por encima de ti a todos, que el amor entre dos personas del mismo sexo es una enfermedad. Estas son algunas, pero seguro que tú tienes alguna otra que te limita y que ni siquiera pones en juicio, solo las aceptas sin más.

Ahora es el momento de escribir esas creencias que te limitan.

1. ....

2. ....

3. ....

4. ....

5. ....

Ahora vamos a cambiar esas creencias por afirmaciones reales que sean congruentes contigo. Acuérdate que tienes que tomar acción para poder realizar las cosas. Y que esas afirmaciones te las creas.

1. Bailo muy mal – si voy a clase de baile, aprenderé a bailar

2. Soy desorganizada – si organizo todos los días un poco me volveré organizada.

3.

4.

5.

6.

7.

8.

El poder de la palabra nos limita si nos lo creemos. Solemos escuchar muchas veces "es que eres tal…, "es que eres cual…". Es una creencia de esa persona, no es nuestra creencia, es como ellos lo ven desde su perspectiva. Son circunstancias en las que te comportas en ese momento, pero tú no eres así. No es lo mismo lo que haces con lo que eres.

La empatía es ponerse en los zapatos de la otra persona, es comprender, apoyar, ponerse en la situación del otro, de cómo actúa la otra persona. Eso no quiere decir que compartas las mismas opiniones y que tengas que estar de acuerdo.

La empatía se facilita en medida que conocemos a la persona. Esa relación nos ayuda a descubrir los motivos de enfado, alegría de las personas allegadas y de su manera de actuar.

"Aprender a estar en la piel de otro, a ver a través de sus ojos, así es como comienza la paz. Y depende de ti que ocurra".

Barack Obama

Es importante saber escuchar de forma atenta, mostrando interés, de lo que no nos gusta que nos hagan y tampoco hacerlo.

PRACTICA EL AMOR PROPIO

Enamórate de ti y de la vida. Haz valer lo que tienes y quién eres. No se trata de ser egoísta, sino de apreciarse uno mismo en sus bondades y de mirar hacia nuestro interior siendo los dueños de nuestro propio ser. Para ello, debemos mimar nuestro autoconcepto, hacerlo nuestro y no permitir que lo que los demás nos digan afecte aquellos juicios que a nuestro parecer son correctos.

De este modo, si logramos practicar el amor propio, **estaremos en disposición no solo de crecer, sino de aceptar a los demás** y de convertirnos en una buena compañía. Para eso es necesario que cada uno de nosotros examine aquellas zonas en las que hayamos generado la autoderrota.

Entonces, y solo entonces, estaremos en disposición de eliminar las razones que nos conducen hasta ella. Así, destruiremos aquellos comportamientos que hacen que el amor propio no pueda crecer y que no seamos capaces de mirarnos al espejo sin recriminarnos cada centímetro de nuestra piel.

¿ME AYUDAS?

Me encantaría que cuando tengas tu libro en la mano, me mandases una foto con él o la trilogía y cuando lo acabes de leer me escribas y cuentes cómo te ha ayudado. Me encantará saber cómo te ha podido ayudar.

Espero que me hagas ese favor. Te dejo el email anacabellonieto76@gmail.com

Así me servirá para que llegue más personas. Me ayudaras a mí, te ayudaras a ti y ayudaremos a muchas más personas que necesitan tener una vida mejor, por supuesto que vean que hay personas que han pasado por eso y que le puede ayudar, que no están solos.

Para mí es un honor y un placer y por eso mi forma de dar la gracias de corazón es esta.

ALZANDO UN GRITO
HACIA LA LIBERTAD
DE UNO MISMO.

Y MI LEMA ES:
Vive y se feliz

ARCOIRIS, ARCOIRIS, ARCOIRIS-GUERREROS

INSPIRACIÓN... YO SOY YO DE SANDRA LÓPEZ ESTATUET

Sería muy útil poder ser aquel o aquella que ellos necesitan. Quizás maravilloso, increíble. Pero no podrá ser. Porque soy yo misma. Y no aquella que ellos o ellas o él impone que sea. Cuando lo he sido, en mi pasado, me he agotado. Es tan pesada la máscara y la obligación de hacerlo todo siempre tan bien para caerles bien a todos y ser quien ellos quieran que sea.

Es tan pesado y doloroso buscar ser reconocida y valiosa y amada. Y te vuelve tan frágil. Porque en el fondo, aman y valoran a la máscara. No a mí. Yo estoy debajo. Esperando, como una niña, con hambre de vida y grandes espacios. Con toneladas de otro amor, más puro, para regalar y a cambio de nada.

Por eso hoy decido ser yo. Sería maravilloso ser quienes ellos quieren que sea. Pero no va a ser así. Porque hoy he decidido ser yo misma. Con mis grandezas y mis flaquezas. Soy humana. No soy perfecta. O más bien, ya estoy perfecta tal y como soy. Porque soy perfecta cuando soy YO MISMA, sin máscaras.

Hoy decido que quiero que me amen y me valoren por quien soy y lo que doy sin la máscara. Sin la intención de demostrar nada. Solo dar. Pues lo doy desde el corazón y mi experiencia humana. Y nada más. Y eso es el todo. Eso es la autenticidad. Mi autenticidad.

Hoy decido abandonar la máscara, y expresar quien soy, con mis ventajas y mis des-cocimientos, con mis límites y mis necesidades, que expreso y expongo, sin miedos, sin vergüenzas. Con mi franqueza y vulnerabilidad. Con mi luz y con mis sombras. Porque ellas también son parte de mí. Yo decido SER y dejar de tanto hacer.

Porque soy simplemente humana. Y sé que aprendo cada día en la experiencia. Hoy practico la humildad auténtica. Y ya no más máscaras y no más pretender lo que no soy ni buscar ninguna aprobación. Hoy, la aprobación y responsabilidad son solo mías. Y si debo mejorar, lo valoraré y lo decidiré yo, y mi camino y satisfacción serán solo míos. Afuera, todo brillará, siempre. Porque solo seré yo. Yo y el mundo. Yo en el mundo. Yo, más que nunca.

Hoy disipo las nubes y aprecio mi sol. Puede que no sea de agrado de todos. Pero no me importa. Es mi sol. Es mi energía. Para mí, es el más brillante. Las nubes ya no importan. Pueden estar si quieren. No me molestan.

Si quieres escucharlo está en audio en Relatos Viaje a la Vida, puedes ir directamente por el código QR o entrando en YouTube.

Ya estamos llegando al final del libro y recordarte una vez más que te amo, que eres increíblemente un ser fabuloso, entrañable, que sigas creciendo que no tengas limitaciones, recuerda que somos Dioses y creadores de nuestra realidad, que nadie te diga que no puedes conseguir lo que te propongas.

Me has conocido bastante me abierto con total sinceridad, para mi escribir este primer libro ha sido muy gratificante, he aprendido, disfrutado, llorado mientras lo escribía, me he emocionado, lo he hecho lo mejor que se dentro de mis experiencias, he sido natural.

Deseo de todo corazón que este libro EL SECRETO DE SER … te haya ayudado, inspirado, te hayas sentido identificado en algún momento y que te lo lleves a tu terreno personal, las anécdotas que te cuento no tienen que haberlas pasado así, pero si puedes verte reflejado en tus vivencias, en alguna forma de actuar, en alguna forma de sentirte.

Para terminar, te hablare de la importancia del agradecimiento y de practicarlo como nos beneficia.

Antes de comenzar este apartado te dejo las declaraciones y te recuerdo que me encantaría que me mandaras una foto con el libro y me dieras tu feedback de cómo te has sentido al leerlo.

Que me dieras permiso para poder compartir tu foto en mis redes sociales y que tú compartas los párrafos o frases que te hayan llamado la atención. anacabellonieto76@gmail.com

Vamos a hacer las declaraciones en voz alta.

Gracias, gracias y gracias...

- ELIJO AMAR A QUIEN YO QUIERA
- ELIJO A DEJAR ATRÁS LA ANTIGUA VERSIÓN DE MI MISMA Y SER DESDE AHORA MÍ MEJOR VERSIÓN
- ELIJO AMARME A MI MISMA
- ELIJO TENER UNA VIDA ESPECTACULAR
- ELIJO SER FIEL A MIS SENTIMIENTOS
- ELIJO RECONOCERME, AMARME Y RESPETARME
- ELIJO EVOLUCIONAR Y CRECER
- ELIJO HACERME RESPONSABLE DE MIS ACTOS

RESUMEN

Tu cuerpo es tu templo sagrado, es tu vehículo prestado, cuando te mueras lo único que te llevas de este plano es tu sabiduría.

Amarte es perder el miedo, liberarte de los condicionamientos.

El estilo de vida influye la salud mental es super importante nos ayuda a manejar el estrés.

La salud mental y la salud física están conectadas.

Eres una pieza fundamental en la vida, amate y aumenta los valores

IX
GRATITUD

"El verdadero perdón es cuando puedes decir: gracias por esa experiencia".

Oprah Winfrey

¿Eres una persona agradecida? Te comentaré que ser agradecido no es solo dar las gracias, no tiene que ver con la educación de que, si nos dan algo decir gracias sin sentirlo y hacerlo de manera automática. Damos las cosas por hecho, te levantas, vas a la montaña, enciendes la luz, todos esos gestos tan simples son motivos suficientes para agradecer. La vida es un regalo por lo que hay que ser agradecido.

Conocí no hace mucho una persona que me está haciendo ver la importancia de ser agradecida y feliz. La admiro mucho, para mí es un gran maestro y me está haciendo ver que en realidad me quejo por tonterías muchas veces, que no soy consciente de la suerte de la vida que tengo, que no he valorado durante muchos años nada.

Se llama David Cabezas. Es una persona ciega, vio durante unos minutos cuando nació, pero en la incubadora no le taparon los ojos y los rayos infrarrojos se los quemó. Si veis las ganas de vivir que tiene, el humor es su don, hace monólogos, canta, toca el órgano, la guitarra… cada día me hace ver que las personas nunca estamos contentos con lo que tenemos, aunque si miramos a nuestro alrededor lo tenemos todo.

David ha sufrido acoso en el colegio, somos a veces muy crueles, te aseguro que él todo el día tiene motivos suficientes para agradecer y lo hace, a pesar de que su vida no ha sido fácil. Nosotros no valoramos la importancia de ver, no damos las gracias ni somos agradecidos por lo que tenemos, el simplemente echo de poder ver a tus hijos, a tus padres es suficiente para dar las gracias.

Para mí no es ciego, ¿sabes por qué?, porque he visto que ve con el alma. Y no solo eso, es que siempre lleva una sonrisa en su boca, siempre haciéndote reír. Cada día rompe barreras, para él no hay limitaciones, lo que se propone lo consigue.

La gratitud va más allá. Es reconocer los valores que tenemos, los valores de los demás; es sentirse bien, feliz, alegre. Es levantarse todos los días agradeciendo lo que tienes, y darnos cuenta de que cada día que te levantas es un nuevo día, lo tenemos todo tan mecanizado que no valoramos ni si quiera el aire que respiramos, el cuerpo que tenemos, las manos, las uñas, las células…pensamos que con solo el hecho de tenerlo es suficiente.

Cuantas personas piensan que no tienen nada que agradecer, ¿eres una de ellas? Era una de esas personas que las gracias solo se daban cuando alguien te hacía un favor por pasarte el plato, por darte algo…era una pauta de cortesía y de educación.

Cuando descubrí lo que significaba dar las gracias y ser agradecido y ver la importancia de esa palabra, el poder que tenía y sentir de verdad al darlas, sentí la importancia de lo que me rodea, de lo que tengo, de mis cualidades, virtudes, defectos. Fue algo tan liberador. Me centraba en la escasez, de queja continua por eso el universo, Dios o como quieras llamarlo no me daba lo que pedía, al no ser agradecida. Todos los días hay muchas cosas por las que ser agradecido.

La gratitud y la abundancia van unidos, si no eres capaz de que ese sentimiento habite en ti, seguirás sin recibir nada. Ser agradecido te hace consciente del mundo a tu alrededor, te hace ver un mundo escondido que la mayoría no ve. La vida es un milagro cuando te pones las gafas del agradecimiento.

Voy a decirte que el simple hecho de nacer ya es un milagro, te explico y después reflexiona. Mira por todo lo que has tenido que pasar para estar en este mundo, ya con estos datos que te cuento tendrías que estar verdaderamente agradecido por formar parte de. Ahora te voy a hablar de estadísticas.

Las posibilidades de nacer son de 1 entre 105.000.000.000. La cantidad de espermatozoides que genera un hombre es de 300 millones. Las mujeres por otro lado tienen 350.000 ovocitos al nacer, de los cuales solo 360 son los que maduran y son fecundados a lo largo de la vida.

Aún hay más, para que tu hayas llegado a nacer tus padres se han tenido que encontrar, enamorar, cambiar de ciudad, estar en el lugar indicado en el momento oportuno, que crezca el amor entre ellos dos; tus ancestros tuvieron que nacer, conocerse, viajar, superar guerras, hambres, etc.…

Esto es la manera corta haciendo un resumen. Imagínate si no tienes un motivo tan grande de agradecer con el simple hecho de nacer.

Cuando fui a nacer, me contaron que mi madre había pasado un embarazo de riesgo. Tuvo que estar en reposo absoluto porque podía perderme. Cuando llegó el día en el que tenía que nacer, mi madre se encontraba en el paritorio; estaba bien, el proceso del embarazo fue en reposo y ya está, nada fuera de lo normal como puede ocurrir en algunos embarazos.

La cuestión es que en el paritorio había más mujeres y de repente mi madre comenzó a sentirse mal, llegó la enfermera e hizo la pregunta de quién quería dar a luz. Todas miraron a mi madre y le dijeron que ella, que no la veían bien, se acercaron y vieron como mi madre poco a poco se desvanecía de tal manera que entró en coma.

Las últimas palabras que recordaba fue que la atendieran. Ella ya no recordaba nada de lo que sucedió, entró en coma. La enfermera salió a hablar con mi padre y le dijo que tenía que elegir entre mi madre o su hija. Que había entrado en coma, lo que le dio a mi madre se llama eclampsia es el estado más grave de la enfermedad hipertensiva del embarazo. Mi padre eligió a mi madre o moríamos las dos o intentaban salvar a una de nosotras. Los médicos le dijeron que mi madre había entrado en coma y que yo estaba en la incubadora, que solo un milagro podría salvar a mi madre, que era muy difícil, que las posibilidades de que mi madre despertara eran mínimas. A 1 entre 1.000.000 de mujeres le da esto y mi madre fue una de ellas.

Mi padre y mi familia apenas fueron a verme, estaban más preocupados porque mi madre se despertará. Ella estaba en la UVI, la podían ver por medio de un cristal. Mi padre la veía a través de un cristal y si no se pasaba en la capilla del hospital pidiéndole a Dios un milagro. Pasó 4 o 5 días en coma. Hasta que un día mi madre despertó y mi padre se la encontró sentada comiéndose una manzana como si no pasara nada y preguntando por mí, todo esto desde el cristal que los separaba.

¿Tengo motivos más importantes para ser agradecida que mi madre que no daban nada por ella viviera y que yo también lo hiciera? Todo fue Fe, un verdadero milagro. Cuando recuerdo esto me pasa algo súper curioso. Me desplazo a la habitación de mi madre donde estuvo en coma y veo desde la parte superior del techo su despertar.

AGRADECER ES EXPRESAR RECONOCIMIENTO

Al agradecer, estamos enfocándonos a esas pequeñas cosas que nos da la vida. Disfrutamos de cada instante mientras nos liberamos de nuestras quejas.

Te propongo un reto, ¿recuerdas que te dije que estuvieras 24 horas sin quejas?, es algo que parece fácil, ¿verdad?, pues ahora te reto a que estés 24 horas siendo agradecido desde que te levantas hasta que te acuestas.

- Cuando te levantes, gracias por un nuevo día.
- Cuando te duches, gracias por tener agua.
- Cuando estés en un atasco, gracias por el tráfico porque no fui yo el que tuvo ese accidente.

El ser agradecido te lleva a ser más optimista, simplemente te enfocas en lo positivo que hay en tu vida. Los investigadores dicen que estimula el sistema inmunológico. Hay un dicho que dice **es de buen nacido ser agredido. Es un regalo que nos hacemos a nosotros mismos.**

La gratitud te permite perdonar, estamos siempre relacionándonos con personas, hay momentos que esas personas que nos hemos relacionado en alguna ocasión nos han hecho daño o son tóxicas y debemos alejarnos de ellas para tener una salud mental. En vez de alejarte enfadado, agradece el tiempo que han pasado contigo y lo que has aprendido, porque nadie aparece en tu vida sin motivo alguno.

Cuanto más agradezcas, mejor podrás cerrar esa herida y podrás olvidar antes. La vida son ciclos, tienes que ir cerrando ventanas para que se abran puertas. Aunque no lo creas, esos sentimientos y emociones se quedan en nuestra memoria celular y nos llevan a vivir una vida con un peso en la espalda y tenemos que liberarnos de ello.

¿En alguna ocasión te has sentido que deberías haber sido agradecido con esa persona por una cosa u otra? Por tu manera de ser, porque no sabes la importancia y valor de ser agradecido por vergüenza, o por cualquier otro motivo, la gratitud puede tener un efecto positivo en las personas. Darles las gracias puede aumentar la probabilidad de que ellas repitan sus gestos de amabilidad.

Cuanto más agradezcas más cosas atraerás para agradecer. Como te he estado contando, los días buenos agradece y los días malos te dan lecciones; por lo tanto ambos son necesarios.

<u>RESUMEN</u>

Tienes que ser agradecido de la vida simplemente por vivir.

La gratitud nos da beneficios, ayuda a fortalecer relaciones personales, afrontamos mejor la ansiedad.

Vivir en armonía, un alto grado de bienestar, dar valor a cada cosa que nos llega a nuestra vida nos ayuda a que se abran puertas de bendiciones.

Una palabra que utilizo en mi día es NAMASTÉ su significado es gracias y reconocimiento, es la humildad.

X
EL PERDÓN

"Hay personas que no perdonan y prefieren odiar, porque odiar les hace sentirse fuerte y con control. En cambio, perdonar los enfrenta a su más profundo dolor".

David Fischman

En el capítulo anterior hablamos de la importancia de la gratitud y en este vamos a hablar del perdón. Para mí son dos sentimientos de reconocimiento. Perdonar a alguien por sus errores es perdonarnos a nosotros mismos, porque eso hace que nos liberemos del dolor. Hay que sentirlo, ser conscientes.

El perdón es soltar el lastre que llevas, son esas emociones que te hacen sentir odio, rencor y vivir en el pasado. Si vives en el pasado no estás en el presente aquí y ahora, por lo tanto, mientras recuerdes ese momento y te cause dolor, tristeza, mal estar o incluso llores, seguirás sin perdonarlo y viviendo ahí.

Es como cuando te caes y te haces una herida, se tiene que curar para que te deje de doler, tiene que pasar un tiempo para que esa cicatriz se cierre. Lo que te estoy diciendo es que el perdón es un proceso. Un proceso para ti mismo, sé que quizás has sido una persona maltratada cuando eras pequeño; tú no tenías el control alguno de lo que te hicieron y estuvo mal. Perdonar no es que estés excusando nada ni a nadie, no significa que tengas que ser amigo de alguien que te hizo daño, simplemente te digo que lo sueltes por tu propio bien, deja de darle poder, deja de darle tiempo y energía, cada vez que les das poder a esas ofensas ese daño lo estas reavivando. Estas alimentando su poder, recuerda que somos energía y que todos estamos interconectados. Por lo tanto el universo funciona con leyes universales y si no te das el permiso de perdonar atraerás a tu vida más odio, más mal estar.

Cuando mi madre falleció estaba enfadada con ella, mi sentimiento era que me había abandonado, y ese abandono se volvió parte de mi vida en todas las clases de relaciones, amistad, pareja, familia. El abandono vuelve a aparecer como un fantasma cada vez que vivimos una amenaza igual, aunque seamos adultos.

Cuando veía que las cosas no iban bien en mis relaciones hacia todo lo posible para que se alejaran de mí para sentir ese vacío. La vida me ponía una y otra vez a personas que creía que me abandonaban para así darme cuenta de que esa herida me venía desde la muerte de mi madre. Para que reaccionara y fuese consciente donde comenzaba ese sentimiento de abandono, porque no sabía su causa.

La importancia de trabajarse uno mismo, el desarrollo personal y espiritual te llevan a niveles de consciencia. Te llevan a vivir un proceso de auto confianza, autoestima, auto respeto, de superación, de liberación, de amor, paz, tranquilidad, serenidad, de conocimiento, de no vivir en la superficie o mejor dicho de sobrevivencia. Es ser consciente de las cosas que tienes que potenciar y las limitaciones que tienes.

Comencé a trabajar en mí, le escribí una carta a mi madre pidiéndole perdón por sentirme abandonada, perdón por no comprender que era su día, perdón por no haber pasado más tiempo con ella cuando estaba viva, por las peleas, por no decirle más te amos, por no abrazarle, por no reírnos más; por tantas cosas. Me llevó años escribirle y liberarme, como si eso fuese lo que me ataba a ella, lo que me hacía tenerla más cerca, me recordaba inconscientemente que sentir esa emoción del abandono de alguna forma sentía presente a mi madre y era la única forma de sentirla.

Cuando escribí esa carta me sentí liberada como si hubiera salido de la cárcel que estaba presa.

Están las leyes universales, te puedo asegurar que de esta vida no te vas sin pagar lo que haces.

Lest se crio en un ambiente muy abusivo, su padre era alcohólico y llegaba a su casa con arrebatos de violencia. Lest tenía miedo de que su padre les hiciera daño a su madre y a él, temía por su vida, no había paz alguna en su casa y vivía constantemente al borde del precipicio.

Una noche su padre llegó bebido y comenzó a abusar de su madre no solo verbalmente, sino también físicamente. Lest tenía 14 años e intervino y le dijo a su padre que dejara tranquila a su madre. Ambos pelearon y al final su padre lo echo de la casa.

Su padre le dijo: no quiero volver a ver nunca tu cara, si alguna vez vuelves a pisar esta casa será la última vez que lo hagas.

Lest quedó devastado, tan abatido que pensó poner fin a su vida. Estaba en un puente a punto de saltar y de quitarse la vida, cuando algo inesperado le detuvo. Lest nunca había estado en la iglesia, la religión no era parte de su vida, pero de repente oyó una voz que le decía: ¡No lo hagas yo seré tu padre, seré tu protector, me ocuparé de ti!

En aquel momento sintió como un aceite cálido se derramaba sobre él. Fue algo que nunca había sentido, fue su padre celestial interviniendo para producir justicia.

Lest estuvo solo desde ese día en adelante, estaba lleno de esas heridas y dolor de mucho rechazo, pero tomó la decisión desde el primer día de que ya no odiaría a su padre, le perdonó y siguió adelante con su vida. Se convirtió en ministro.

Lest intento acercarse a su padre a lo largo de los años, pero no quería tener nada que ver con él. Entonces un domingo por la mañana, 22 años después, Lest estaba en el pulpito y de repente entró su padre. Fue la primera vez que lo vio desde aquella noche cuando él tenía 14 años.

Al final del servicio, su padre caminó hacia el altar con lágrimas corriendo por su cara. Pidió perdón a su hijo y también entregó su vida a Dios.

Dios es un Dios justiciero. No sé cuánto tiempo tomará, pero Dios ha prometido que el enmendará las ofensas y restaurará lo que se te haya robado; no importa lo mal que te haya tratado alguien, no importa lo equivocado que estuviese si lo sueltas Dios ajustará tus cuentas. Dios te recompensará.

Al final de aquel servicio ese padre y ese hijo se sentaron y hablaron. El padre le dijo a su hijo cosas que antes Lest nunca había sabido. El padre le dijo que su propio padre era alcohólico y que él se había peleado con su propia madre cuando era pequeño, la niñez del padre fue tan inestable que cuando tenía 6 años ya había pasado por cuatro familias.

No había excusas para el comportamiento de su padre, pero lo que quiero que veas es que las personas heridas hieren a otras.

El padre de Lest tenía en su interior todo aquel enfado y abuso. Y cometió el error de perpetuarlo. No comprendió lo que estaba transmitiendo a la siguiente generación. Cada uno está librando su propia batalla. Eso no significa que perdonar a una persona por la cual te has sentido traicionado la relación vuelva a ser la misma, como si nada hubiera pasado.

He visto muchas personas que en sus relaciones no les han ido bien, en un divorcio, en un trabajo y viven encadenados a ese dolor y ese vacío, pensando que todas las personas que le rodean van a hacérselo pasar mal, que van contra él. No castigues a la otra persona por lo que te hicieron otros.

Han iniciado una nueva relación, un nuevo trabajo y han pagado con ellos su frustración, su desconfianza, su mal estar. Por lo que perdonar, sanar, aprender es de personas nobles, no hagas lo que te hicieron a ti. Y si lo haces sin querer cuando te des cuenta pide perdón y pídete perdón: lo que hayas pasado en tu vida no es la responsabilidad del otro.

El perdón implica entender, no justificar lo injustificable. Perdonar nos ayuda a dejar pasar lo sucedido, pero tomando decisiones que nos protegen de aquello que nos ha perjudicado.

Cuando estamos identificados con el ego el resultado es un continuo sufrimiento, el ego es muy vulnerable a la opinión de los demás que sin conocernos casi nos dicen lo que no queremos oír que ya sabemos.

En muchas ocasiones me hago esta pregunta: ¿por qué nos hace daño lo que otros dicen? Mi opinión es que aún no nos conocemos y nos lleva al juicio, el ego se disfraza y nos hace cuestionarnos cada cosa que decimos o hacemos. Una crítica constructiva es valiosa cuando se tiene la valentía de resistirla y aprender de ella, la mayoría prefiere que les mientan y no escuchar que los contradigan. Cada persona nos juzga o nos ve según su perspectiva, eso no quiere decir que tenga razón, pero si tiene su derecho a pensar que eso sea así.

El perdón va más allá, significa no guardar esa emoción negativa que se convierte en una emoción que enferma tu cuerpo. El perdón se ha convertido en tema de investigación científica, se ha comprobado que tiene efectos sobre nuestra salud física y emocional.

Mandela decía: *"para todos aquellos que se han encontrado en la tesitura de estar en prisión y tratar de transformar la sociedad, el perdón es natural porque no tienes tiempo de pensar en represalias"*.

Es una de las personas más importante de todos los tiempos déjame contarte un poco más de él, nos ha dejado frases inspiradoras que nos pueden ayudar cuando estamos pasando un mal momento.

Estuvo 27 años en prisión, fue el primer presidente negro de su país en 1994, predicó por la paz mundial y el perdón. Recibió el premio Nobel por la paz. Unos de los mejores ejemplos de lo que significa la lucha por la libertad. Su filosofía de vida la tenía muy clara. Decía que la educación es el arma más poderosa para cambiar el mundo. Es el gran motor del desarrollo personal. Es con la educación que la hija de un campesino puede ser médica, el hijo de un minero jefe, el hijo de un trabajador agrícola presidente de una nación.

Las que a mí me ha llegado más son estas:

Necesitamos situar la erradicación de la pobreza como una de las mayores prioridades mundiales y tener claro que todos compartimos una misma humanidad, la diversidad es nuestra mayor fortaleza.

La diversidad es nuestra mayor fortaleza, excluir las desigualdades, que no seamos excluidos por la condición sexual, racial o religiosa. El perdón libera el alma y elimina el miedo, por ello es un arma tan poderosa.

Es el momento de las declaraciones, somos guerreros arcoíris. Tenemos que cambiar el mundo comenzando por nosotros mismos. De dentro hacia afuera, para ser aceptados tenemos que aceptarnos, para ser amados tenemos que amarnos, para que nos respeten tenemos que respetarnos.

- **ELIJO AMAR A QUIEN YO QUIERA**
- **ELIJO A DEJAR ATRÁS LA ANTIGUA VERSIÓN DE MI MISMA Y SER DESDE AHORA MÍ MEJOR VERSIÓN**
- **ELIJO AMARME A MI MISMA**
- **ELIJO TENER UNA VIDA ESPECTACULAR**
- **ELIJO SER FIEL A MIS SENTIMIENTOS**
- **ELIJO RECONOCERME, AMARME Y RESPETARME**
- **ELIJO EVOLUCIONAR Y CRECER**
- **ELIJO HACERME RESPONSABLE DE MIS ACTOS**

<u>RESUMEN</u>

El perdón es soltar lastre que llevas, es liberarte de tanto dolor.

Primero tienes que perdonarte a ti mismo, ser mas comprensivo hacia tu persona, cada uno hace lo que sabe en cada momento con las herramientas que obtiene.

Cuando utilizamos el perdón comprendemos y podemos dejar el rencor que no nos lleva a ninguna parte.

Perdonar es una liberación personal, es liberarte de las ataduras, perdonar no es justificar al otro ni justificarte a ti mismo.

El perdonar es sentir una paz interior que te hace sentir bien, todo está en equilibrio.

XI
MENSAJE DEL UNIVERSO

La vida es más simple de lo que os imagináis,
pero tenéis el don de complicarlo.
Os han enseñado a que la vida es dura,
que tiene que ser sufrimiento.

Atentamente el UNIVERSO.

Escucho todo lo que me pides, todo lo que piensas. Aprende a manifestar, haz afirmaciones, enfócate en lo positivo, hare lo posible para lograr traerlo a tu vida. Hay una ley y un proceso, cuando siembras una semilla en la tierra, para que crezca y se lleve a cabo, tiene que pasar un tiempo, no crece de un día para otro.

Cuanto más agradecido estés por las cosas buenas en tu vida te volverás más y más agradecido por todo en general. Si piensas o tienes creencias muy fuertes sobre ti de que no eres merecedor de cosas buenas en tu vida, entonces habrá interferencias, tendrás obstáculos.

Deja de pensar que siempre estas mal, de hablarte con palabras que te hacen prisionera, cuando te digas es que soy un torpe cámbiala por **la próxima vez lo haré mejor.** Si comienzas a decirte estoy bien, soy bastante bueno, me acepto como soy, amo a la vida, me amo a mis mismo y comienzas a ser agradecido por ti mismo, tu vida comenzará a ser diferente, te tratará de distinta manera, será más agradecida por que tu vibración será distinta, solo es cuestión de practicar, de tomar acción.

Hay un ejercicio que a muchas personas les cuestan hacer y es el de ponerse delante del espejo, mirándote a los ojos y diciéndote que te amas. Quizás lo primero te cueste, tengas resistencias, te haga sentir mal. Decirte cosas bonitas, ponerlas en el cristal del cuarto de baño; en la nevera pegada, colocar papeles por todos los sitios de tu casa y leerlos te fortalece, hace que cada día creas más en ti, recuerda que llevas muchos años sintiendo lo contrario, por el sistema de creencias, por lo que te han inculcado y te lo has creído, pero es hora de cambiar, es la hora de ser tú de mirarte al espejo y sacar a tu niño interior ese que más de una vez se ha sentido rechazado.

Quiero creer que no es así, quiero creer que venimos a aprender a ser mejores personas y ayudar al prójimo. Puede que sea así o puede que no sea, algunos estarán de acuerdo conmigo y otros muchos pensarán que digo tonterías, todo dependerá del sistema de creencias que hemos adquirido. Lo único que sé que todo lo que te escribo en este libro es como lo he vivido, es mi experiencia, es mi manera de ver las cosas, porque lo he comprobado y los resultados han sido extraordinarios. Se que todo esto es así, porque siento en mi alma, en mi cuerpo todo lo que te he escrito. Ahora no me creas nada de lo que te cuento, compruébalo por ti. La vida es un viaje, cuanto más consciente seamos más ameno se nos hará el camino.

Te voy a regalar algo que no pensaba poner en este libro, que son los 4 acuerdos que te enseñan a vivir mejor.

<table>
<tr>
<td>

HAZ SIEMPRE LO MEJOR

Haz siempre lo mejor que puedas, nunca te recriminaras ni te arrepentirás de nada

</td>
<td>

HONRA TUS PALABRAS

Se coherente con lo que piensas y como lo haces.
ser autentico te hace respetable ante los demas y ante ti mismo

</td>
</tr>
<tr>
<td colspan="2">

Los Cuatro Acuerdos

</td>
</tr>
<tr>
<td>

NO TE TOMES NADA A LO PERSONAL

En la medida que alguien te quiere lastimar, ese alguien se lastima asi mismo y el problema es de él y no tuyo

</td>
<td>

NO SUPONGAS

No des nada por supuesto.
Si tienes duda aclárala.
Suponer te hace inventar historias increíbles que sólo envenenan tu alma y no tienen fundamiento

</td>
</tr>
</table>

Miguel Ruiz es el autor del libro *Los cuatro acuerdos*, procede de los toltecas México. La conquista europea lo obligó a esconder su sabiduría ancestral, sin embargo esta logró sobrevivir pasando de generación en generación y fue en el año 1997 cuando alcanzó una repercusión mundial.

Nos habla de cómo el ser humano debería ser para estar en equilibrio personal, emocional y social. Según dice, para ser felices las personas deberíamos comenzar por tomar la decisión de serlo.

HAZ SIEMPRE LO MÁXIMO QUE PUEDAS

Lo importante es no juzgarse para que no haya sentimiento de culpa y dar lo mejor de nosotros mismos, dar siempre el 100 % de nosotros en las cosas que hacemos. Tenemos que ser nuestra mejor versión y ser cada día mejor persona. La importancia de saber decir "no" cuando es "no" y "si" cuando queramos decir "si".

Salir de nuestra zona de confort nos permitirá llenarnos de energía.

SÉ IMPECABLE CON TUS PALABRAS

El poder de la palabra es potente. Aprender a decir lo maravilloso que eres. Como nos hablamos puede guiarnos a la libertad, puede quitar el miedo y transformarlo en alegría y amor. Solo con las palabras puedes hacer sentir mal a la otra persona y también puedes hacerte sentir mal a ti mismo por la forma que te hablas. Cuando alguien te hace daño tú vas y le dices cosas peores, es una forma de sentirte mejor contigo mismo, se ha convertido en la primera forma de comunicación en la sociedad, según Miguel Ruiz.

NO TOMES LAS COSAS DE MANERA PERSONAL

Este es muy importante, solemos dar poder a esas ofensas que nos dicen los otros y que nos hacen sentir mal. ¿Has escuchado alguna vez la frase a palabras necias oídos sordos?, pues esta va como anillo al dedo.

No ofende el que quiere sino el que puede, debemos aprender que lo que nos digan los demás no nos afecte, no están hablando de nosotros están hablando de sus propias inseguridades. Tratarán de transmitírnoslos a nosotros, es como un veneno interno el cual quieren expandir por todos los lados para ellos sentirse mejor. Es una manera de no sentirse solos en ese infierno que sienten. No caigas en su juego porque le cedes el poder y eso es lo que ellos tratan de hacer.

Cuando tenemos discusiones siempre debemos tener la razón y demostrar que los demás se equivocan. Es un reflejo de los propios acuerdos que has establecido y no tiene nada que ver contigo. Cuando te tomas las cosas a lo personal te estás haciendo daño a ti mismo. Y cuando ofendes a alguien es porque vives con miedo. Cada uno sabe en el fondo quién es en realidad.

Todo lo que los demás digan, hagan es lo que ellos han elegido consigo mismo y no con nosotros. Esta forma de vivir evita tener conflictos, sentirse ofendido.

NO SUPONGAS

Solemos suponer cosas en vez de preguntar y salir de la duda, a veces hacemos las cosas más grandes de lo que tocan, nos contamos una historia que no es la realidad solo por dar por hecho algo, ponemos etiquetas y juzgamos a las personas sin siquiera conocerlas. Cuando suponemos las cosas nos las empezamos a creer, sin saber si eso es verdad y no nos permitimos la oportunidad de comprobar si es cierto o no.

Es un proceso inconsciente y forma parte de nuestros sesgos cognitivos. Los sesgos son como atajos que nuestro cerebro usa en base a nuestras experiencias pasadas, esas vivencias las conectamos con las situaciones actuales y nos indican que debemos tomar esa vía rápida para sacar nuestras propias conclusiones.

Tienes que pedir explicaciones hasta que la situación te quede clara y así saber todo lo que tenemos que saber sobre un argumento. Los demás tienen el mismo derecho de responder si te lo dicen o no, pero nosotros tenemos el derecho de pedir. Al igual que cuando los demás nos pidan, es nuestro derecho concederlo o no.

Hemos llegado al final de este libro, **<u>EL SECRETO DE SER TÚ MISMO</u>**. Deseo que te haya ayudado como a mí. Ha sido toda una aventura abrirme con total sinceridad y poder haber llegado a ti.

Decirte que no es casualidad que este libro haya llegado a tus manos, que es causalidad (efecto y causa), es un proceso de muchos años trabajando en mi desarrollo personal y comprender cómo funciona el saber.

CONOCERTE-RESPETARTE-AMARTE.

Es entender cómo funcionan las cosas y saber que la vida es solo una y pasa muy deprisa. No hay retorno.

Te voy a pedir que me ayudes a llegar a más personas.

¿ME AYUDARIAS?
¿Te ha gustado el libro?

Si te has visto identificado, te has sentido que te ha ayudado a ser más consciente de las cosas, a valorarte, amarte. Me encantaría que me contaras cómo te has sentido, cuáles han sido tus experiencias, que me mandaras lo que ha sido una revelación para ti en la lectura y una foto con el libro.

Si te ha servido me encantaría que llegara a todas las partes del mundo, cuanto a más personas ayude muchísimo mejor y para mí es un honor que tú me ayudes a poder difundirlo. Creo en ti porque yo soy tú y tú eres yo.

Te dejo mi email para que nos podamos conocer y que me cuentes anacabellonieto76@gmail.com

Mis redes sociales son:

Tribu arcoíris consciente
Ana Cabello Nieto

ana.cabellonieto

Relatos Viaje a la Vida

Laín García Calvo

El nombre de Laín ya te suena un poquito, ¿verdad? Me has escuchado hablar de él, es el autor de *La voz de tu Alma,* mi mentor y por el cual estoy dando lo mejor de mí.

Leer sus libros me ha marcado un antes y un después, nunca había leído tantos libros en mi vida tan seguidos.

Tenía conocimiento de lo que hablaba en sus libros sobre las leyes universales de cómo funcionan y cómo aplicarlas.

Era mucha información la que buscaba, leía y las cosas no me quedaban nada claras hasta que di con Laín y lo explica de una forma tan sencilla, clara que por fin comprendí y pude pasar a la acción.

Le he regalado a varias personas el libro y les ha cambiado la vida, se lo he recomendado a otras muchas y me han dado las gracias porque ahora entienden mucho mejor cómo funcionan ellas mismas.

Un libro que debería tener todo el mundo en su mesita de noche y que le acompañara en el camino del crecimiento.

Te dejo su página web para que puedas adquirirlo y ver lo que tiene este ser de luz para entregar al mundo.

www.laingarciacalvo.com

Gracias, gracias y gracias

Recuerda que tú eres...

Un guerrero arcoíris consciente

Una guerrera arcoíris consciente

"Igualdad, absolutamente, eso es lo que nos define. Es lo que nos hace grandes... Somos iguales"

TE ESPERO EN ESTA
NUEVA AVENTURA

Ana Cabello Nieto

LA VIDA COMIENZA EN TI

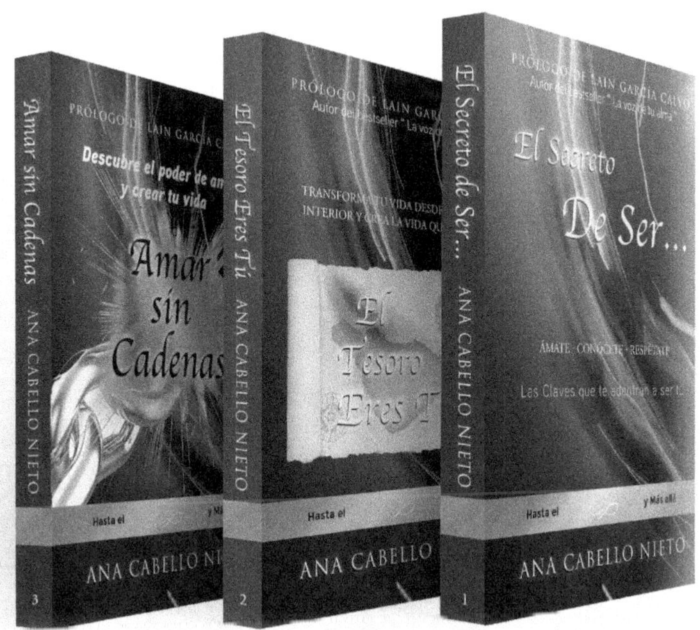

www.anacabello.com